KB070508

01
본격
한중일
세계사

본격 한중일 세계사

01 서세동점의 시작

초판 1쇄 발행 2018년 3월 20일 초판 12쇄 발행 2024년 6월 1일

지은이 굽시니스트
펴낸이 최순영

출판2 본부장 박태근
지적인 독자 팀장 송두나

펴낸곳 ㈜위즈덤하우스 출판등록 2000년 5월 23일 제13-1071호
주소 서울특별시 마포구 양화로 19 합정오피스빌딩 17층
전화 02) 2179-5600 홈페이지 www.wisdomhouse.co.kr

ISBN 979-11-6220-325-5 0490
      979-11-6220-324-8 (세트)

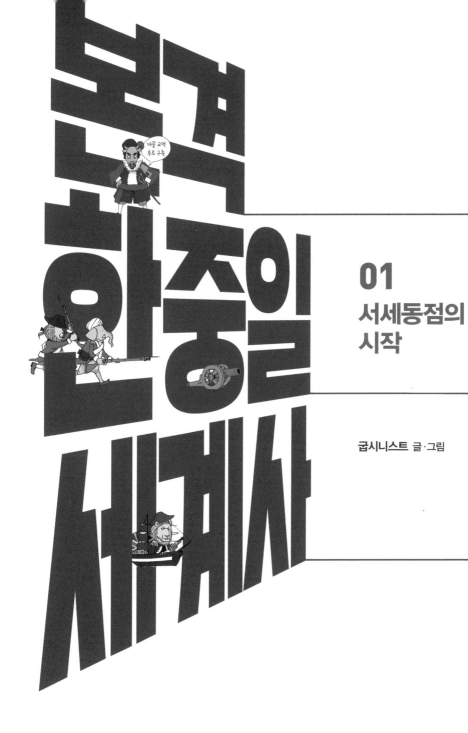

본격 한중일 세계사

개꿀 교역 루트 구축

01
서세동점의 시작

굽시니스트 글·그림

위즈덤하우스

머리말

19세기 동아시아 근대사에 대해 다루는 이 책의 제목이 '본격 한중일 세계사'인 부분부터 말씀드려야 할 것 같습니다. 사실 처음에 밀었던 제목은 '본격 이웃나라 흥망사 만화', '본격 동아시아 근대사 만화' 등이었습니다만, 원로 자문단의 빅데이터 분석을 받아들여 '본격 한중일 세계사'로 제목을 정하게 되었습니다. 이 책이 다루는 시대가 19, 20세기 근현대사라는 부분에 대해서는 아마 띠지나 뒤표지에 '격동의 근대사', '운명의 19세기' 같은 어구들로 어필될 것 같습니다만…. 결국 이리 제목의 엄밀성이 부족해진 부분에 대해 양해의 말씀을 올립니다.

지명과 인명 표기는 현지 발음을 우선시하는 것이 업계의 룰입니다만, 이 룰을 제대로 지키지는 못했습니다. 중국의 지명과 인명을 우리말로 표현할 때 중국 현지 발음보다 한자어 발음에 더 익숙한 경우가 많기 때문에, 모든 지명과 인명을 현지 발음으로 표기할 경우 어색한 부분들이 있습니다. 이를테면 임칙서를 린저쉬로 표기하거나, 장가계를 장자제라고 표기할 것을 고집할 필요는 없겠지요. 다른 한편으로는 지명을 우리식 한자 발음으로 표기할 경우 그 위치가 정확히 어디인지 지도에서 검색되지 않는 경우가 있기에, 현지 발음을 중시하고자 했습니다. 때문에 익숙함을 우선시한 우리식 한자 발음과, 검색 편의성을 중시한 현지 발음이 혼재된 지면이 나오게 되었습니다. 이러한 혼선에 대해서도 양해의 말씀을 올립니다.

역사 만화를 만드는 작업이 역사적 사실 전달에 최우선 순위를 두어야 함은 당연한 일입니다. 하지만 그 와중에도 만화라는 장르의 특성상 이야기에 대한 데포르메déformer를 피할 수 없었습니다. 캐릭터와 이야기에 만화적 상상력과 실없는 드립이 끼얹어져, 진중한 역사 서술에 대한 기대를 저버리는 경우에 대해 양해의 말씀을 올립니다.

이처럼 여러모로 부족한 만화를 만들어 올리게 되었습니다. 이런 부족함을 무릅쓰고 독자 제위께 이 만화를 올려드림은 졸고에 거는 작은 기대 때문이지 말입니다. 이 만화가 우리 근대사를 대하는 시각에 존재하는 심리적 갭을 조금이나마 메우고, 그 시대가 어떤 방식으로 굴러갔는지에 대한 서사의 씨실 한 줄을 새로이 제공할 수 있기를 소망합니다. 우리가 동아시아 근대사에서 성공과 실패에 대한 이야기를 넘어서서 역사가 진행되는 방식이 가지는 귀납적 서사 그 자체를 즐길 수 있다면, 그리고 그 즐거움을 통해 우리의 역사 우주를 확장시켜 외우주 세계사에 더 많은 연결 고리를 걸 수 있다면, 세상에 대한 우리의 논리 토대가 가지는 무게에 벽돌 한 장 정도는 더할 수 있지 않을까 감히 기대하는 바입니다.

졸고의 연재를 계속 이어가며, 이 책의 다음 권도 계속 펴낼 것을 약속드립니다. 언젠가 이 긴 이야기에 방점을 찍을 날이 오면, 이 첫 권의 다짐에 부끄러움이 없었노라 증언해주시기를 부탁드립니다.

2018년 3월

굽시니스트

차례

제 1 장

프롤로그,
짬뽕의 기원

훌륭한 짬뽕을 마주하면 코가 먼저 웃는다.

시뻘건 짬뽕 국물의 너울이
입술을 타 넘어 밀려오고.

그건 마치 뭐랄까,
고추기름을 가득 싣고 가던 유조선이

적 잠수함의 어뢰에 피격당해 폭발!!

유출된 고추기름으로 뒤덮인
바다가 시뻘겋게 타오르고,
해산물들이 그 불길에 볶이는 대참사.

그리하여
얼큰하게 오염된 붉은 육수에 담긴
고명들이 불맛을 토해낸다.

뻘겋게 번들거리는 면발은
살아 있는 것처럼 저절로 빨려 올라간다.

쵸로롭

뻘떡 뻘떡

끊어내는 이에 전해오는
면발의 탄력이 선정적이다.

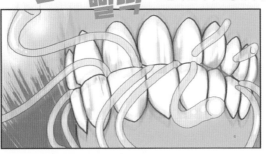

실로 대가리에 일곱 구멍이
짬뽕 국물을 쏟아낼 때까지
멈출 수 없는 맛인 것이다.

누구에게나 그런
인생 짬뽕이 있습니다.

동기들과 100일 휴가 나오며 터미널 앞
중국집에서 처묵 했던 짬뽕.

내 집 마련 이삿날 시켜 먹은 짬뽕.

만기 출소일에 두부를 담가 먹은 짬뽕.

복숭아 나무 아래에서 의형제를 맺으며
시켜 먹은 짬뽕.

그리고 저에게는 지금 이 짬뽕이 인생 짬뽕이지 싶습니다.

이 짬뽕으로 한중일 근대사 만화의 운을 떼보려고 하거든요.

어떻게 짬뽕이 한중일 근대사 만화를 시작하는 음식이 되는지 보기 위해,

짬뽕의 기원으로 거슬러 올라가봅시다.

1899년 나가사키.

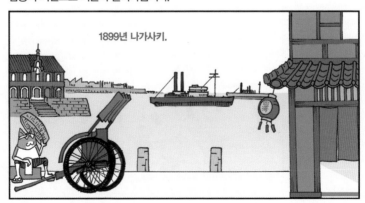

당시 나가사키에는 일본으로 공부하러 온
중국인 유학생이 다수 거주하고 있었습니다.

나가사키의 화교 천핑순 씨는 그들을 위한
식당과 하숙을 운영하고 있었습니다.

가난한 유학생들은 늘 배고팠습니다.

마음껏 배를 채우지 못하는 가난한 유학생들의
처지를 안타까워한 천핑순 씨는

요리과정에서 남은 잔반에 주목,

닭 뼈다귀 같은 걸로 육수를 우리고
채소와 해산물 찌끄러기를 볶음.

그리하여,

그렇게 만들어진 짬뽕은
중국인들뿐 아니라 일본인들에게도
큰 인기를 끌었습니다.

천핑순 씨의 식당 사해루는 4대째 이어져 내려와
오늘날에도 나가사키에서 영업 중이라고 합니다.

나가사키 짬뽕 본가!

'짬뽕'이라는 이름의 유래는

잔반을 뜻하는

짬

+

마약을 뜻하는

뽕

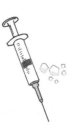

짬으로 만든, 마약같이 중독성 강한 음식이라 '짬뽕'이라는 설이 있고,

중국 복건성 사투리로, 밥 인사인 '차폰'에서 유래했을 것이라고 한다.

짜뽕~!

짬뽕!

그런 설 없음.

일본에서 만들어진 짬뽕은 화교 네트워크를 통해 일제강점기인 조선으로 전해지고.

츄라이~! 츄라이~!

여긴 짜장면이 대세인데.

한국인들 입맛에 맞게 개량.

맛이 조금 심심한데….

고춧가루·고추기름을 팍팍 쳐 주소!

길고 복잡한 여정을 거쳐
오늘날 이 붉은 짬뽕이 된 것입니다.

그 여정의 배경에는 많은 궁금증이 딸려 나옵니다.

19세기 말, 일본에는
어째서 중국인 유학생들이
잔뜩 있었던 것일까?

왜 하필
나가사키였을까?

화교 네트워크는
어떻게 조선까지
뻗어 있었을까?

짬뽕 한 그릇에는 이런 질문들과 함께하는
한·중·일 근대사 이야기가 담겨 있는 것입니다.

국사 공부만으로도 빡센 거, 굳이
중국사·일본사까지 관심을 가져야 하나 싶지만,

시험에도
안 나오는데!

'한국사'라는 나무를 제대로 관찰하기 위해서는

이 나무는 어째서
이렇게 생겨 먹었나?

멀리서 '동양사'라는 숲을 봐야 하는 부분이 있는 법입니다.

으윽; 저래서
저렇게
생겨 먹었구만;;

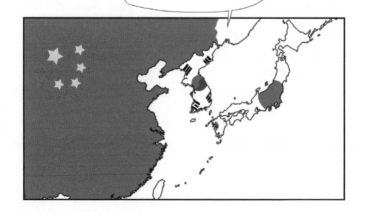

아니, 뭐, 한국 입장에서는
그렇게 보일 수도 있겠지만….

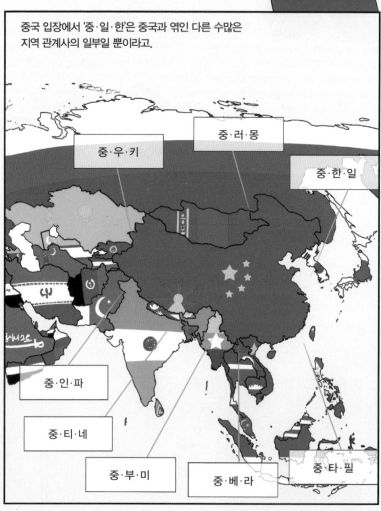

일본은 언제나
탈아입구!!

'일·중·한'보다는
'일·미·영', '일·프·독'
같은 카테고리가 훨씬
가깝게 느껴진다고!

명예백인
인정하는 부분.

그렇다면 '한·중·일' 근대사라는 건
우리 한국인의 관점에서만 본,
비보편적인 프레임인가?

나 혼자만의
상상 친구들이었던
걸까요:

단지 한국사를 좀더 때깔 나게 보기 위한
조명으로서의 중국사와 일본사인가.

19세기 중반부터 20세기 중반까지

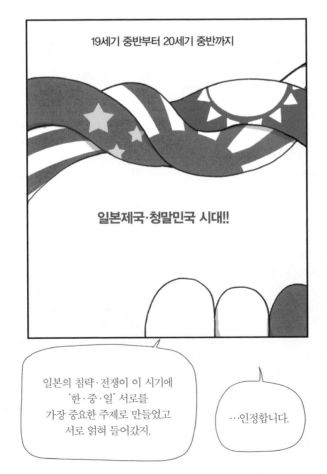

일본제국·청말민국 시대!!

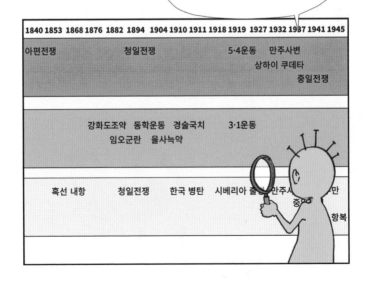

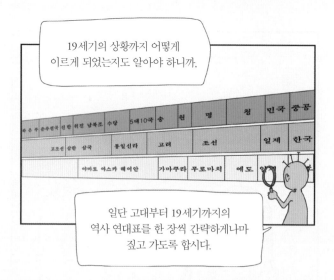

드라마·영화·소설·만화·예능

역사·문화 컨텐츠의
94퍼센트가 한국사인데!
한국사 정도는
대충 다 알겠지!!

나머지
6퍼센트는?

2퍼센트는 《삼국지》.

2퍼센트는 〈신비한 TV 서P라이즈〉.

으메이징!

나머지 2퍼센트는
요리史, 밀리터리.

이 만화로 살짝 지분율이
변동될까 싶습니다.

제 2 장

19세기 이전
중국사 연표

황하 문명 탄생 즈음에 중국 중심부에는
코끼리와 코뿔소도 살았어요.

유라시아 대륙 중심부 고원지대에서
동쪽의 태평양으로 흐르는 강줄기.
그 퇴적물을 비옥하게 펼쳐놓은 중원 대지.
그곳에서 황하 문명이 발원한다.

근데 상아로
젓가락 만드느라
멸종당함.

여와·복희·신농 등의 신적 존재들이
신화 시대 중국의 문을 열어젖혔고.

삼황오제의 치세를
이후 몇천 년 동안 통치
이데아로 삼죠.

하나라가 있었던가 없었던가,
아무튼 기원전 1600년부터 상나라가
중국 최초의 왕국 노릇을 한다.

거북이 등껍질을
구웠더니 사람 고기로
인신공양하라고
쓰여 있더라고.

뭔 아즈텍이냐?!

상

주나라는 제후들에게 지역 영지를
나누어주는 봉건제 실시.

춘추전국 시대 시작

하지만 주나라가 대충 쩌리가 되면서
제후들이 다 자기가 잘났다고
치고 박아 춘추전국 시대 오픈.

B.C.
479   공자 사망

철기!

관료제!

백가쟁명!

전국 시대 여러 나라가 부국강병 경쟁에 나서
기술·사상면에서 폭발적으로 발전.

경쟁이 발전을 부른다는
시장경제 원리다!!

그리고 가장 발전한
진秦나라가 최초로 천하 통일!!

China가 바로
진(Chin)나라에서 나온
이름이지!!

완전 자유시장은
결국 독과점으로
끝나는가;;

B.C.
221   진나라 건국

진

CHINA

하지만 시황제 사후 2대만에
진나라는 바로 멸망.
유방의 한나라와 항우의 초나라가
천하를 다투는 초한쟁패 돌입.

B.C.
206

유방 건들면
성추행으로
잡혀감. ㅋㅋ.

아 $#%!
유치해서
상대 못 하겠네!!

깐죽
깐죽

漢   楚

이후 400년을 지속한 한나라는
중화 통일왕조의 전형을 정립.
(유교 이데올로기, 관료제, 중국 천하관 등)
중국이라는 나라가 계속
중국일 수 있게 만든
국가의 뿌리를 세웠다.

清
明
宋
唐
漢

그래서 중국 민족을
'한족'이라 하지.

한나라는 대외적으로 동북아
주변국을 한자 문화권으로 포섭.

漢

츄라이! 츄라이!

그리고 지들이 항상
대장 노릇하려고 하지.

중간에 왕망의 볼셰비키 쿠데타 정권이 잠깐 들어서면서
전한과 후한으로 시대가 나뉜다.

한나라의 고자들은 역사서를 편찬하기도 하고,

사마천

종이를 만들기도 하고,

채륜

국정농단으로 나라를
무너뜨리기도 한다.

한나라가 대충 망하면서
위·촉·오 삼국 시대가
살짝 펼쳐지기도 하다가,

중국사의 인지도
최고존엄인 시대지.

5호16국 남북조의 300년 헬게이트 오픈.

삼국지 패거리가
싸놓은 똥독으로
다 죽는다!!!

엣헴, 엣헴.

선비족

선비족 등의 이민족이 중원으로 침투해 들어와
섞이면서 한족 중화의 범위가 넓어지기도 하고.

아$#@%!
잘못 들어왔다!!

중원이 전쟁으로 황폐화된 반면,
양자강 유역 개발로
강남은 생산력 포텐 발동.

날씨도
따뜻하죠.

강남이 발전했다고는 하지만
결국 화북의 수나라가 천하통일.

강남의 생산력을
화북으로 끌어오기 위해
황하강과 양자강을
연결하는 대운하 건설!

수나라는 과거제를 실시.
유생들이 리드하는 중국의 싹을 틔운다.

공무원 시험만이
길이요, 빛이다!!

전국 단위 시험 쳐서
관료를 뽑는다는
세계사적 혁신!

합격

하지만 수양제의 고구려 원정 등
온갖 뻘짓으로 각지에서 반란 대폭발.

너무 국제적이라서 한반도에 적극 개입하기도 하고,
안남도호부로 베트남에도 개입.

일본 유학단이
몰려와 이것저것 배워가고.

690 측천무후 집권

751 탈라스 전투

머나먼 서역, 중앙아시아까지 진출했지만,
사라센 제국과 충돌한 탈라스 전투에서 패해 물러난다.

이 전투에서 서방으로 제지기술이 넘어갔다고 한다.

755 안사의 난

잘 나가던 당나라는 '안사의 난'으로 휘청.

040

780

양세법 시행

819

마지막 개혁
원화중흥

황소의 난

875
~
884

907

후량 건국

5
대
10
국

이후 지방군권을 장악한 각 지역에 번진
절도사들이 군웅할거.

그래도 질기게 이어지던 당나라는
결국 '황소의 난'으로 치명상을 입고.

황소 밑에 있던 주전충의 막타로 공식 멸망.

그리고 5대 10국의 난세행.
50년 동안 중원 왕조 다섯 번 교체.
주변부에는 열 개 왕국이 난립.

5:10!!

송나라
천하통일!!

No more
War!!

이제 무기를 내려놓고
문치주의로 간다!

하지만 곧 북방 거란족
요나라에게 삥을 뜯긴다.

문치 문치~
돈뭉치~!

그렇게 군사적으론 좀 약했지만
문화·경제 테크에 올인.

송나라 수도 개봉은
24시간 영업 가게들로 가득 차
'불야성'이라는 단어를 만들어냈고

석탄을 연료로
사용하고,

자동 방직기로
옷감 공장이
굴러가고,

외륜선을 띄우기도 하고,

세계 최초로 화약무기도 사용.

근데 왜 전쟁은
맨날 지는 걸까….

경제 발전과 국가 신용 확대에 힘입어
세계 최초로 지폐도 발행.

아, 이거 돈 맞음.
이걸 삥 뜯어가라고.

종이잖아::

1115   **호보답강 전투**

계속 삥 뜯어가던 요나라가
여진족의 금나라에게 멸망당할 때,

송나라는 신나게 금나라를
편들어 협공!!

예아! 정의구현!!

1125   **요나라 멸망**

하지만 다시 그 금나라가
송나라를 쥐어 팬다.

저는 님 친구가
아닙니다.

1126   **정강의 변**
~
1127

덕분에 송나라는 수도를 버리고
남쪽으로 천도.

그리고 금나라가 몽골에게
멸망당할 때,

예아!!
정의구현!

신나게 원나라를
편들어 협공!!

하지만 금나라를 멸망시킨 몽골이
그대로 송나라까지 어택.

세계제국 몽골의 중국 왕조, 원나라!

元

고려도 두들겨
맞고 서틀화.

몽골은 중원에 들어왔던
다른 이민족과 달리
한족에 절대 동화되지 않고,
철저한 민족간 계급제를 고수한다.

※제1계급 - 몽골.

※제2계급 - 서역인.

※제3계급 - 화북인.

※제4계급
- 남송인.

사실 몽골 인구와 체제의 한계로
딱히 철저한 행정력에 의한 사회통제는
이루어지지 못함.

1281 제2차 일본 침공

세계를 정복한 몽골이지만
일본은 태풍 때문에 침공 실패.

1287 제3차 베트남 침공

베트남 침공도 실패.

원나라는 세조 이래로,
나름 중화식 조정체제도 굴리고,
과거제도 시행하고, 유교도 지원하며
중화 왕조 분위기를 약간 따르긴 했지만.

지배층의 사치와 무능, 궁정 암투 등으로
원나라의 중원 지배는 100년도 못 간다.

돈이 모자라면
더 찍어내면 되지!!

태환 불능으로
경제 붕괴 초래.

기황후가
이 시기의
한류스타.

12세기, 전 세계를 휩쓴
흑사병이 중국도 강타!

3천만 명이 죽었다는
설도 있어.

설마;

사회 혼란 속에서 백련교 홍건적이 봉기.
원나라는 중원에서 다시 만리장성 너머로 밀려난다.

홍건하게
적셔주마!!

으어;
빨갱이다;

홍건

하지만 민간의 해외 진출은 활발해서
동남아 각지에 일찍부터 차이나타운을 형성.

오늘날 중국의 남사군도 영유권 주장도
이 시기의 남쪽 바다 진출에 근거함.

북쪽에서는 몽골 잔당을 완전히 제압하지 못해
명 황제가 포로로 잡히는 토목보의 변을 겪기도 하고

어메이징!
황제 보쌈!

알탄 칸이 베이징을 포위하기도 하고.

돈 주면 갈게.

꺼져.

1550

049 제2장_ 19세기 이전 중국사 연표

남쪽은 지옥에서 건너온 왜구들로 해안지방이 초토가 되고,

포르투갈인들이 뇌물을 써서 마카오에 정착.

정부 인건비를 전부 은으로 지급하는 데 이어서
일조편법으로 세금을 은으로 통일해 수납.

1630	**원숭환 처형**

이자성의 농민 반란군이 명나라를 멸망시키고,
그 농민 반란군을 청나라가 으깨버림.

1644	**명 멸망**

1662	**남명 멸망**

1673	**삼번의 난**

청나라의 중원 평정 과정은
한족 5천만 명이
학살당했다는 설이 있을 정도로
대량학살을 수반했지만,

5천만은 과장이라 해도
수백만은 족히 넘을걸.

머리를 남기면
머리통이
없어질 것이다.

아아, 변발;
너무나 끔찍한
헤어스타일인 것.

그럼에도 청왕조는 대체로
성공적인 이민족 왕조다.
전통적인 중원 유교 왕조 양식을
충실히 계승·발전.
과거제와 관료제로 한족 지방 유생–
향신층이 사회 주도세력으로 성장.
비교적 선정으로 인구도 증가했고.

그래도 오랑캐 인정 ㄴㄴ!
난 소중화니까요!

중화

북쪽에서는 시베리아를 건너온
러시아 세력과 국경 분쟁 발생.

아오,
여긴 어디?;
난 누구?;

낯선 정벌

1689년, 네르친스크 조약으로 국경 확정.

※네르친스크 조약: 중국 최초의 서양식
대등 국제조약.

아, 도장
안 가져왔는데:

서양식 조약이라
인감 없이 사인만
해도 돼요.

1661 남쪽에서는 명나라 잔당 정성공 일파가
타이완에서 네덜란드 세력 축출.

Taiwan
No.1!

타이완의 그 정씨 일파를 다시
청나라 세력이 쫓아가서 타이완 합병.

One
China!

1683

1711 지정은제 실시

이제 인두세는 동결하고
땅에만 세금을 매길 거임.

여유시! 중국사
최고의 명군
강희제 폐하!!

아니, 땅 가진 게 죄입니까?!
왜 땅에만 세금을 매겨!!

땅 부자들의 조세 저항은 무자비하게 찍어 누름.

돈 내놓을래?
목 내놓을래?

이제 주민등록해도
세금 더 안 붙는데!

인두세 동결 결과, 미등록 인구가
대거 행정 통계에 드러나서,

지정은제 시행 직전 2,462만
이었던 등록 인구가   80년 후에는 3억 돌파.

식량혁명도 의료혁명도 없이
80년 만에 인구가 열두 배 늘어난 건
절대 자연 증가가 아니지….

최후의 유목민족 제국,
준가르 멸망.

인종 청소로
씨를 말림.

명나라 이래로 남쪽 광저우 개항장에는
유럽 상인들이 계속 들락거렸는데,

차 산지 직거래를 하고 싶다!
중국 시장의 중심부로
직접 들어가고 싶다!

1793

무역 확대 요구를 위해 영국 매카트니 사절단 방중.
건륭제 알현.

그쪽 후손 중에
싱어송라이터
있지 않남?

항구 좀더 열어주시고,
FTA도 좀 맺어주시고,
미세먼지 좀 잡아주시고,

일단 큰절부터
올리시게.

매카트니가 큰절을
거부해 협상결렬.

하지만 그 부족함 없는 대륙의 백성들은
어느덧 관리·지주 들의 수탈과 흉년, 경제난으로
비참한 궁핍의 늪에 쳐박힌 지 오래였다.

백련교도의 난

So, 백련교도의 난이 발발한다.

백련교도의 난과 이후
줄줄이 이어지는 농민반란 진압에는
쇠락한 청왕조 관군보다는
한족 지방유지인 향신층의 사병 조직,
향용이 더 큰 역할을 한다.

이제까지의 역사처럼 왕조의 쇠락과 난세,
새 왕조의 건립이라는 패턴이
반복될 것인가.

헬렐레
Hell헬레~

아니면 이제까지 경험한 적 없는
전혀 새로운 역사의 장으로 진입할지도.

뭐, 어떤 세상이 올지
고민하는 것도 귀찮은 것.
아편이나 빨고 행복해집시다.

뽕
뽕

Next!

다가올 새 시대에 중국과
악연으로 얽힐 바다 건너 섬나라!

...

다음 장은 일본사를
대충 훑어보겠습니다.

제 3 장

19세기 이전
일본사 연표

유라시아 판과 태평양 판이 만나며
호상열도로 생성된 일본열도.

그래서 화산과
지진이 쩔.

빙하기에는 일본이 대충 대륙과 이어져 있어서
사람들이 걸어서 건너갔다고도 하고,

빙하기에도 이어져 있지 않아서
배를 타거나 헤엄쳐서 건너갔다고도 하고.

아무튼 한반도를 통해 야요이인들이
청동기와 농작물 등을 가지고 도래했을 때,

일본에는 조몬인들이 기묘한 신석기 문화를
일구며 살고 있었습니다.

외계인?!

신화에 따르면
이자나기·이자나미 남매가
결혼해 일본 열도와
여러 신들을 낳고,
(대판 싸우고 이혼하고)

하루에 천 명씩
죽이겠다!!

그럼 하루에
천오백 명씩
낳겠다!!

역시 근친은
끝이 좋지 않아.

태양의 여신 아마테라스가
손자 니니기에게 삼종신기를 주어
지상으로 내려보내고,

신기 3종 세트가
단돈 990엔!
지금 강림합니다!

그로부터 179만 2,477년 후에
그 후손인 진무 대왕이 나라를 세웠다는 것이
일본 건국신화.

179만 년이면, 니니기는
오스트랄로피테쿠스였냐.

일본에 대해 언급된 가장 오래된 기록은
57년, 한나라에 왜노국왕의 사신이 왔다는 것.

세상 끝
섬나라?

진시황 때, 불로초 찾으러
보낸 사람들이 눌러앉은
봉래도인가 봅니다.

하지메마시떼!

한참 후에 다시 《삼국지》〈위지 동이전〉에
야마타이국 히미코 여왕이 언급된다.

무녀 여왕!

미코미코쨔응!

그 무렵 각지에 거대한 전방후원분을
만들어대던 고훈 시대가 이어지고

왜 저렇게
큰 무덤을
짓는겨?

제일 크게 짓는 집안이
대왕 자리를 먹기로
정했거든.

507년에 등극한
게이타이 천황부터를
현 천황가의
직계 조상으로 본다.

결국 우리 집안이
짱 먹었다!

이름이
게이- 뭐-인데
용케 자손을
많이 낳았구면.

538년, 백제에서 불교가 전래되면서 아스카 시대 개막.

부처 믿고
구원받으세요~.

아, 우리 집은
태양신 믿어요.

진짜?!

백제의 지원을 받는
소가씨 집권.

쇼토쿠 태자의 17조법 입법.

수나라에 견수사 파견.

해 뜨는 나라 천자께서
해 지는 나라 천자께
안부 전하옵니다.

으억ㅋ.
섬또라이 놈들
패기 쩔억ㅋ.

何?

백제 멸망을 막기 위해 보낸 원군이
나당 연합군에 의해 전멸.

해 지는 나라와
실전 떠본 소감은?

으어;;; 한 수
배워야겠습니다!

이후 100년간 계속 중국에
견당사를 보내 문물을 받아들인다.

황제가 제일
높은 거임.

皇
帝

황제보다 높은
단어는 없을까요?

그런 단어는
아직 없어.

710 헤이조쿄 천도
나라 시대 시작

다가성 축조

794
**헤이안쿄(교토) 천도
헤이안 시대 시작**

**헤
이
안

시
대**

200년 넘게
집권한 일본판
안동 김씨여.

딸래미들을 200년 동안
계속 천황가로 시집보냈죠.

유전자풀 협소화가
조금 우려되지만….

지방행정 챙길
돈도 힘도 없다.;

그렇게 귀족세력이 강해지면서
전국의 토지가 귀족들의
장원으로 넘어가고,
조정의 세수 영역은 쪼그라들었다.

그리하여 지방의 통치는
조정의 공권력이 아닌
귀족들과 결탁한 사적 무력에 의해
이루어졌으니….

지방 무사─사무라이들이
역사 전면에 등장.

무사단의 일진급 정도 되면
꽤 그럴듯한 귀족 족보 간판을
달고 있답니다.

우리 집안도 천황가와
핏줄이 닿아 있어!

939 **다이라노 마사카도의 난**

1086 **천황가 원정院政 실시**

후지와라씨의 섭관 권력 견제.

할아버지
법황

아버지
상황

손자
천황

1156 **호겐의 난**

천황가·후지와라씨·
다이라씨·미나모토씨 등
유력 가문들이 제각각
다 둘로 찢어져 싸움.

천황가·후지와라씨 몰락.

결국 다이라씨가
최종 승리!!

미나모토씨가
다이라씨를 제압.

아직까지는 관동의
군정조직이란 느낌이
더 강하지만.

최초의 무사 정권인
가마쿠라 막부가 개설.

천황·조정
허수아비행?!

가
마
쿠
라
시
대

쇼군가 외척인 호조씨가
싯켄執權직으로 막부 장악.

바지 쇼군

바지 천황

꼴좋다. ㅋ.

결국 호조씨의
최종 승리네요. ㅎ.

1221 조큐의 난

천황가의 뒤집기 반격 실패.
조정 확실히 폭망.

이제는 진짜로 막부가
일본의 레알 정부입니다요.

**1274
~
1281 몽골군 침입**

신께서 보내주신 태풍 가미카제神風로 격퇴.

닛뽄후
아크바르!!

전쟁에도 불구하고 중국과 활발한 교역이 이어짐.

가마쿠라 막부 멸망

가마쿠라 막부는 멸망하고,

겐무 신정이 진행됨.

1338 무로마치 막부 개설

남북조 시대

이제 천황가는
영원히 쩌리네.

쇼군 요시미쓰, 명나라 사신으로 파견.

일본국왕 책봉해드림.

이 역적 새퀴!!
천황 제치고
뭔 짓거리여!

ㄱㅅ.

글로벌 스탠다드
중화 조공체제에 들어가봅시다.

전국 시대에
이 무역이 막히면서
왜구가 대량 발생.

조공체제에 들어가면
대중교역으로 개이득이
생기거든요.

오닌의 난

쇼군가와 몇몇 가문
승계 문제를 놓고
다이묘(지방 영주)들이
대거 개입,
교토에서 대전란 발발.

1493

메이오 정변

다이묘들이 쇼군을
멋대로 옹립, 제거.

전국 시대 개막(장)

그리하여 일본은
전국의 다이묘들이
각자도생·적자생존의
경쟁을 벌이는
전국 시대로 돌입.

전국
시대

포르투갈 상인이 조총을 전래.

> 대세는 하이퍼 FPS입니다.

> 일본 마계화 ㄱㄱ!!

> 오다 노부나가가 대충
> 천하통일을 하는 듯 싶다가,

> 오다 노부나가 사후,
> 도요토미 히데요시가 전국 평정.

> 흙수저
> 성공신화!!

> 평민 출신 지도자에 의해
> 평화로운 좋은 세상이 오려나요!

| 1592 | 임진왜란 |

평화는 개뿔::

임진왜란으로 조선 침공,

조명 연합군에 의해 패퇴.

꺼져라!!

아, 나도 억지로 끌려왔다고!!

| 1598 | 히데요시 사망 |

전투지역.

| 1600 | 세키가하라 전투 발발 |

에도江戶
(오늘날의 도쿄)

| 1603 | 에도 막부 개설 |

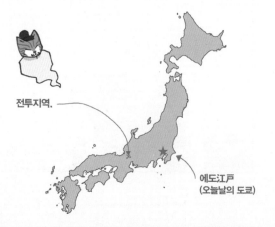

도쿠가와 이에야스가
도요토미 잔당을 제압하고 천하 재패.

德川

에
도
시
대

에도 막부는
일본 전국의 다이묘를
강력한 막번 시스템
아래로 재편.

지방자치라고 해도
막부에 까불면 뒤진다.

종교 박해에 대항해
가톨릭 교도들 반란.

지저스
크라이스트!!

예수쟁이들 반란은
양놈들이 선교하고
바람 넣어서 그런 거.

쇄국. ㄱㄱ

네덜란드만 빼고.

1702 　**추신구라 사건 발생**

영화로 제작될 때마다 세계적 흥행을 부르는 스토리!

PS. 구라임.

1688
~
1707 　**겐로쿠 호황**

가끔 무사들의 미친 칼부림도 있었지만, 농업·상업의 발달로
에도 시대에 일본 사회의 역량은 크게 신장되었다.

대형 아울렛의 조상도 등장했지요.

조선과의 외교관계도 통신사 파견으로 정상화되어, 역사상 한반도와 일본이 가장 문제가 없었던 시기다.

청나라 상인들도 나가사키에서 교역.

1767 　**다누마 오키쓰구**
　로주(막부 가신단 수석) **취임**

중상주의!!

무역 흑자!
광산 개발!
인플레이션!

돈이 최고다!!

똥은 내가 '다누마' 라고 할 정도로 개인비리가 쩔던데;

비리 좀 있으면 어떠냐, 경제만 살리면 그만이지.

080

다누마 실각.
막부, 중농주의 정책으로 회귀.

100만 명 아사!!

돈이 아니라 쌀이 최고다!!

사할린·쿠릴열도·캄차카까지.
북방에서 러시아와 접촉.

이딴 얼음 섬들 때문에
싸우지 말죠?

ㅇㅇ.
교역이나 틉시다.

이때부터
러시아와의 국경, 교역 교섭이
막부의 주요 대외 어젠다로.

교역은 곤란::

1833 덴포 대기근

1837 오시오 헤이하치로의 난

1808 페이튼 호 사건

네덜란드 배를 잡으려고
나가사키에 온 영국 군함이
식량과 물을 삥 뜯어감.

1837 모리슨 호 사건

표류 일본어부를 송환하겠다고
에도만에 접근한 미국 상선을 이국선 타격령에 따라 포격.

1830
~
1843

이를 통해 에도 막부 200년의
태평성대를 계속 이어나가겠습니다!
사무라이 재팬 포에버!!

아니면 전혀 새로운 시대를
몰고 올 놈들과 만나야 할 수도….

전혀 새로운 시대는
양놈들과 함께 온다!

다음 장은
서세동점의 여명!

제 4 장

면테크
전성시대

무도회에 가야 하는데 입을 옷이
먼티 쪼가리들밖에 없어요.

음?

면직물cotton로 만든
이 귀한 옷을 쪼가리라니!

님이나 귀한 옷
실컷 입으세요.

면직물 티를 입는다는 것은
문명사 그 자체를 입는 것과
마찬가지입니다!

면스플레인이 필요하구먼!

이거 하의 실종
아닌감요?

살구색 전신
타이즈다.

인류의 조상이 인간으로 진화,
패션에 대해 눈을 뜨기 시작하며,

처음에는 뭐 그냥 짐승 가죽이나 벗겨서 걸치고 다니다가,

인간이 되고 싶어서
옷도 입어봤습니다!

한국인이
호랑이 캐릭터면
단군신화 설정이
꼬이는구나::

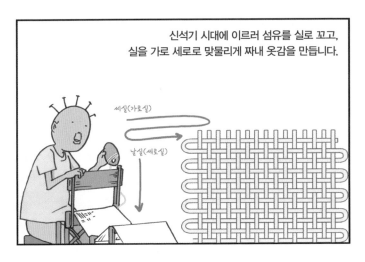

신석기 시대에 이르러 섬유를 실로 꼬고,
실을 가로 세로로 맞물리게 짜내 옷감을 만듭니다.

씨실(가로실)
날실(세로실)

그리 쓰인 최초의 섬유는 바로 '마麻'!

마! 느그 옷감
짜고 같이 피우고
다했어! 마!

※줄기에서 섬유를 뽑고
꽃은 말려서 피웁니다.

※한국을 포함, 다수 국가에서 불법입니다.

모시·아마포·린넨 등등 마직물 패밀리는
문명사 초기 패션계를 석권했습니다.

고대 이집트인들의
하늘하늘한 린넨 원피스.

동양에서는
모시·삼베.

밧줄·돛도 마직물로
만들었지요.

087 제4장_ 면대크 전성시대

그러다가 1만 1천 년 전, 서남아시아에서
양털을 실로 뽑고 천을 짜
모직물(양모)을 만들기 시작.

기원전 6000~3000년, 중국에서는
누에고치에서 실을 뽑아
견직물(비단)을 짜기 시작.

기원전 3000년, 인도 북부에서는 면화를 재배.
그 솜에서 실을 뽑아 면직물 생산!

모직물과 견직물에 비해 싸고,
마직물에 비해 부드럽고 따뜻하고,
땀 흡수도 잘되고, 세탁·관리도 편하고 등등.

기원전 3~1세기경부터 중국은 인도산 목화를
동북아 풍토에 맞게 개량 재배,
면직물을 뽑기 시작.

그렇게 좋은 옷감,
우리도 생산해
보겠습니다.

그 중국 목화씨가 고려말에 문익점 스토리로
한반도에 데뷔.

14세기

16세기

일본은 8세기의 목화 입식 실패 후,
도요토미 때 조선산 목화를 널리 도입·재배.

남미에서도 구대륙과의 접촉 이전에
이미 자생종 목화로 면직물을 짜고 있었습니다.

판초를 라마 털로만
짠 게 아니야.

목화의 존재에 대해 잘 몰랐던 알프스 이북 유럽인들은….

이 솜이 식물에서 나온 거라고??

ㅇㅇ. 동방에서는 양이 나무에서 열려요.

ㅋㅋ

진짜?!!

※ 정말로 그렇게 믿었다.

생각해보니 목화만 수입해서 면직물을 우리가 직접 짜면 더 돈벌이가 될 것 같은데.

라는 이탈리아인들의 깨달음이 13세기쯤.

근데, 100퍼센트 면직물은 생산 단가가 너무 높으니까

50퍼센트 수입면, 50퍼센트 국산마 혼방으로 스까 짜자.

스까 스까 토스까나.

마

면

그렇게 만들어진 이탈리아산 면직물이
유럽 시장을 휩쓸었습니다.

이에 감명받은 독일에서도 14세기부터 면직물을 생산,
우수한 품질로 곧 유럽 시작을 석권합니다.

16세기에는 프랑스도 동참.

이렇게 유럽 대륙이 면직물 테크를 타던 시대,

영국은 자랑스러운 천하제일 양모로
모직물 산업을 결사옹위.

백년전쟁 후 영국인들은 자국 모직물 산업을 일으키고.

그런 영국에도 면직물은 스며들고.

영국인들도 결국 면의 마력에
굴복할 수밖에 없었습니다.

그것은 17, 18세기, 인도에 진출한 영국 상인들이 떼온
인도산 면직물이었습니다.

그리 들어온 인도산 면직물은
단방에 유럽 면직물 시장을 정벌해버립니다.

결국 모직물 산업 보호를 위해,

하지만 이미 면티 없이는
살 수 없는 몸인지라,

면직물 수입이 금지라면
면화를 수입해 영국에서 직접
국산 면직물을 만들면 되지.

아, 근데 직접 옷감 짜기
너무 귀찮은 것;;;

베틀을 좀더 업글해서
효율적으로 만들어봅시다.

그래서 발명해봤습니다!
면직물 짜는 기계!

방직기!!

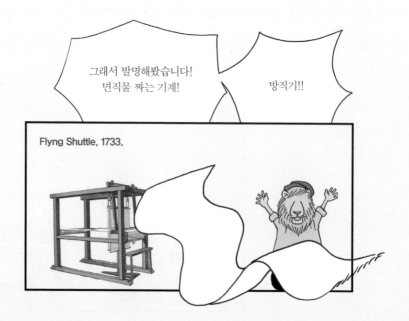

Flyng Shuttle, 1733.

그런데 기계로 면을
마구 찍어내다보니
실이 부족하다;;

그래서 발명해봤습니다!
목화 섬유로 실 뽑는 기계!

방적기!!

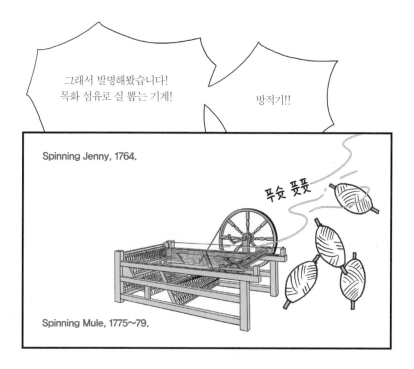

Spinning Jenny, 1764.

Spinning Mule, 1775~79.

푸슝 풍풍

근데 그래 놓으니,
실이 너무 많이 생산되어 다 쓸 수가 없다;

그래서 발명해봤습니다!
더더 빠른 방직기!!

Power Loom, 1784.

근데 그래 놓으니,
방직기가 너무 빨라서
실이 부족해!!

그래서 발명해봤습니다!
더더 빠른 방적기!!

근데 그래 놓으니,
방적기가 너무 빨라서
실이 남아돌아!!

그래서 발명해봤습니다!
더 The 더 빠른 방직기!

근데 그래 놓으니,
방직기가 너무 빨라서
실이 부족해!!

그래서 발명해 봤습니다!
더 The 더 the 빠른 방적기!!

근데 그래 놓으니….

미친 생산량 실현

그 과정에서 기계화,
동력 개선에 대한
새로운 혁신들이 나오고.

방적기를
인력이 아니라
수력으로 돌리면
개꿀이겠는데?

Water Frame, 1767.

기계를 만들려면
강철이 많이 필요하겠죠?

마침 구운 석탄을 부어서
강철을 뿜뿜 뽑아내는
제철공법을 개발했답니다!

코크스Cokes.

코크스 공정으로 강철을 뽑으니 석탄이 많이 필요하구먼! 석탄 좀 팍팍 캐내봐라!

어우, 탄광을 깊게 파면 지하수로 물이 고여서 석탄 캐내기 빡셈;

그래서 발명해봤습니다! 증기기관 펌프!!

Steam engine, 1712~1800.

찌 껑 찌 껑

이후 엉망진창으로 채굴했습니다.

혁신 → 생산 증대 → 부의 팽창 → 재투자

이것들이 꼬리에 꼬리를 무는 확대 상승 나선으로 폭발.

產業革命

Industrial Revolution

물론 산업혁명은
위 만화처럼 간단하게
이루어진 게 아닙니다.

경제적·사회적으로
엄청 뭐가 많았죠.

과학적사고관

진취적세계관 지름신 장인전통 합리주의 신 중상주의 무역 유럽 공학 매뉴팩처링 금융 성공숭배 식민지 실용 부르주아 화학 설탕 모험주의 부국강병 구질서붕괴 과학문적다양성 배금주의 金 銀

저 모든 게 복잡기괴하게
얽히고설키면서
진행된 역사죠.

복잡하고 이해하기 힘든
과학기술을 마법이라 퉁치듯이,
산업혁명도 그냥 증기기관 뚝딱!
하고 간단하게 넘어갑시다.

결국 이렇게 무르익은 산업혁명의 포텐이,

면직물 산업을 통해
빅뱅처럼 빠방 터진 것.

BANG

아무튼 이렇게 핵을 쓴
영국산 면직물이 유럽 시장을 완전 정복!

싸고, 품질 좋고, 튼실한 유통!

영혼은 반反영이지만,
피부는 친親영파구먼.

이제 인도에서 수입할 건 목화뿐이다!
인도산 면직물은 더는 필요 없어요!

뭐,
그러시든가.

CALICO

아니, 아예 인도산 면직물을
쓸어버리고 저 1억 인도 면직물 시장을
우리가 먹어버리면 개꿀일듯?!

그런 야욕을 실천하기 위한 조직,
영국 동인도 회사!
(인도 면직물 수입 금지로 엄청 손해를 봤지만)

한 손에는 총! 한 손에는 주판!

동인도 회사는 동양 무역 독점권과 교섭권,
교전권까지 가진 회사로, 높으신 분들을 통해
정부와 긴밀하게 얽혀 있다.

굴이 없는 나라는
어디일까요? ㅋㅋ.

마침 인도를 지배하던 무굴제국도
18세기 무렵에는 대충 뇌사 상태.

춘추전국으로 쪼개진 인도 각 지방 라자Raja, 토후들을
각개격파로 포섭해 구워 삶기!

자자, 얼른 을사보호조약에
사인들 하시죠.

거, 카레 솥단지
혼자 다 처먹으려다
피똥 싼다.

하지만 영국이 하는 일이라면
간을 팔아서라도 꼭 방해하는
프랑스라는 나라가 있었기 때문에,

현지 면직물 업계에 진출,
영국산 면직물의 인도 시장
진출을 열심히 방해하죠.

상생합시다.
상생!! ㅅㅅ!

결국 영국과 프랑스는
인도 토후국들을 끼고
몇 차례 충돌.

영국은 1757년
플라시 전투로 프랑스를 꺾고
벵골에 교두보를 마련한 이후,
60년에 걸쳐 인도 토후국을 상대로
정복 전쟁을 벌인다.

1766년 제1차 마이소르전쟁

1775년 제1차 마라타 전쟁

1780년 제2차 마이소르 전쟁

1789년 제3차 마이소르전쟁

1798년 제4차 마이소르 전쟁

1804년 제2차 마라타 전쟁

1817년 제3차 마라타 전쟁

60년에 걸친 전쟁 끝에 결국
영국은 인도 전체를 석권.

무굴제국과 토후국을
꼭두각시화했습니다.

힌두교놈들한테
굴복하느니
영국이 낫지.

이슬람에 굴복하느니
영국이 낫지.

이제 목화는 동인도 회사가 전매할 거고,
영국 면직물이 무관세로
인도에 들어올 겁니다.

헐, 그럼 인도 면직물은
해외 판로라도
찾아야 할까요?

인도 면직물 수출은 고관세 때릴 거니까
괜히 어디에다 팔아서 영국산 면직물
가격 발목 잡을 생각은 마세요.

아니#!@! 그럼
인도 면직물은
그냥 망하라는 거?!

So,
인도 면직물 산업 멸망.

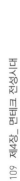

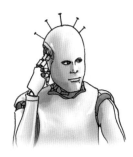

P.S. 굽씨의 오만잡상...

'군대 유럽'은 인류 문명사에서 문자의 발명 이래 가장 큰 특이점이라 할 수 있습니다. 그 특이점의 폭풍이 전 세계를 휩쓸기 시작하면서 동양에서도 파란만장한 근현대사의 문이 열렸죠.

그 거대한 쓰나미가 어떻게 만들어졌는지에 대해서는 정치사·경제사·과학사·정책사·사회사·예술사 등등이 모두 동원한 석학일지라도 간단하게 답할 수 없습니다.

아니, 그렇기 때문에 간단히 답할 수 없겠지요.

질문은 간단하지만 답은 백과사전 분량이 나옵니다.

그 백과사전을 뒤적거려보면 동양과 관련된 부분들도 몇페이지 찾을 수 있습니다.

중국의 4대 발명품인 종이·화약·나침반·인쇄술이 서양으로 건너가 큰 역할을 했다는 부분 말고도 동양은 그 존재 자체만으로 (그 신비로운 부와 문명의 '다른' 존재방식) 유럽인들의 모험심과 향상심을 고취시키는 부분이 있었습니다 (물론 우리 동양인들은 그런 모자선에 대해 전혀 짐작도 못 했습니다만). 동양의 '다른' 문명 시스템에 대해 서양의 석학들은, 동양이 아직 신비의 전설을 유지할 적에는 여러 상상을 보며 꽤나 함아주었고, 그 신비의의 베일이 벗겨진 후에는 침을 뱉기 바빴지요.

그들이 칭송했던 대표적인 동양의 국가 운영 방식으로, 관료제와 과거제도를 꼽을수 있겠습니다. 이는 동양을 경멸하기 시작하던 시점에서도 서양이 적극적으로 도입하던 제도였습니다.

대체로 서양의 국가 시스템은 왕과 귀족들이 국가구조식으로 굴리는 부분이 많았습니다.

항주 적어여 체계적인 관료 시스템은 꽤나 근대여, 절대왕정과 함께 등장하게 되죠.
그나마 관료 선발 기준도 일정하지 않아서, 관직을 세습한다던가, 높으신 분이 꽂아 준다던가,
관직을 돈으로 산다던가, 줄 잘서서 떡고물로 먹는다던가, 때그때 필요에 따라
인력시장에서 경원되는 식이었지요. 이런 부분에 불만이 많던 서양 지식인들 귀에
중국의 관료제와 과거제로 이야기가 들어옵니다. 체계적으로 등급과 지위를 나누고,
명확한 표준고과로 인사관리가 이루어지고, 전국 단위로 시험을 치러 점수에 따라
일관적으로 관리를 뽑는다! 이런 합리적이고 명확하며 모두에게 공정. 평등한 시스템이
이미 천년 이상 이어져 내려왔다니! 이건 꼭 도입해야 할 이상적인 시스템이죠!
그리하여 동양을 절할 일이 많던 영국 동인도 화사에서 최초로 인사 시험을 통한
직원 공채를 시작합니다. 이러한 혁신은 곧 유럽 전체로 확산되었습니다.
혁명 이후의 유럽 시민국가들은 영원해온 표준 관료제를 도입하기 시작합니다.
성균관 같은 고급관료 양성학교도 세워집니다.
물론 유럽의 채용시험 내용은 유교 경전의 인용구와 이데올로기에 대한 감흥이 아닌,
서구의 다양한 학문 분야가 달성한 지적 성취였습니다. 유럽의 관료들은
토지기반 정치권력 - 지배계급이 아닌 부르주아 의회정 국가 시스템의 톱니바퀴였습니다.
그렇게 완성된 서구 근대국가 관료제 시스템은 그 효율적이여 거대한 힘으로
제국이라는 기계를 굴려나가기 시작합니다.
결국 과거제도와 관료제 역시 중국의 다른 발명품들과 마찬가지로
유럽에 도달해서야 비로소 문명사의 특이점 포텐을 폭발시킬 수 있었던 거지요.

제 5 장

차향은항
1

1826년, 중국 광저우(광주).

서양 상관 거리.

미스터 로스!!

돈 갚아!
로스!!

벌컥

존 머레이 포브스

일찍이 강희제께서 남쪽 바닷가를
평정하시고, 지역경제 활성화를 위해
네 개의 항구를 무역항으로 열어주심.

고기도 잘 안 잡힌다니
장사라도 해서 먹고들 살아.

쎼쎼~!!

★자싱
★닝보
푸저우
광저우

1685

근데 건륭제 때 차드 보복으로 세 개 항구를
폐쇄하고 광저우 한 곳만 열어둠.

1757

중국 중심부로 접근가능한
항구들은 안보상
이유로 폐쇄합니다!

광저우

청나라 트롤링은 진짜
건륭제가 다하네?

그리하여 광저우로만 서양 상인이 드글드글 몰려온 것이다.

Hello!

Bonjour

Hola!

Hallo!

Hell로?!

18세기부터 서양 상인을 위한
각국의 상관이 광저우의 서양인 거리에
번듯한 3층 건물로 들어선 것.

옆 동네 마카오에는
명나라 때부터 양놈들이
들어와 있던데?

마카오는 그냥 포르투갈이
뇌물 주고 얻은 땅일 뿐,
중국의 정식 무역항이 아니여.

사모님, 바카라 한판
땡기러 오시죠.

광저우

마카오

광저우에 들어갈 수 없는
서양인 부녀자들이
주로 마카오에 머물렀죠.

근데 광저우에서도
서양인이 자유롭게
중국인과 거래하는 건
금지되어 있다.

잉? 그럼 어떻게
장사를 하란 말이여?

잡상
거래
금지

120

서양인은 반드시
청나라 조정의 인가를 받은
'행상行商'만을 상대로
거래해야 함.

서양 상인은 행상에게
서양 상품을 팔고,
중국 상품을 주문하고.

행상은 서양 상품을 중국
내륙으로 팔고, 내륙에서
구입해온 중국 상품을
서양 상인에게 팔고.

그렇게 꿀 빠는 파이프라인 독점 권한인 '공행' 인가는
당연히 조정에 엄청난 돈을 상납해야 딸 수 있었고,

그렇게 어렵게 공행 인가를 따고 유지하며 교역으로
거부를 이룬 광저우의 행상들은 대략 열세 개.

그들이 바로

광저우 13행!

廣州十三行

실제로는 동시대에
네다섯 개 정도만
제대로 굴러갔지만.

저 광저우 13행의 필두인
'총상'의 지위에 우리 오씨 집안이 있다!!

나님은 그 삼남으로
대리 직책을 맡고 있지.

오, 재벌가
자제셨군요!

이제 이 양행 건물로
출근하며 일하도록.

은화 향기가
대문 밖까지
풀풀 풍기네요.

뭐, 우리 양행의 현금 보유고가
은 몇천만 원쯤 되지.

청나라 1년 예산의
절반 정도.

서양 상선들은 반 년이 넘는 항해 끝에
광저우 황포항에 도착한다.

으따! 고생 끝!

광저우에 도착하면 거래처 행상에서
입국·통관·관세·체류·관광 등등
제반사를 몽땅 케어해줌.

돈을 퍼주러
오는데 당연히
그 정도는 해줘야지.

오시는구면,
우리 단골 거래처.

마스터 오!

미스터 매터슨! 롱 타임 노 씨!

뭐, 그리스 독립 전쟁 도와주러 간다고들 시끌시끌하지. 바이런도 그리스 가서 죽음.

헉; 이런 이런 Bye, 런~.

요즘 런던은 어떤감?

이 꼬마는?

아, 우리 인턴 존.

안녕하세요. 지난번 미영전쟁 때 영국을 쳐 바른 미국 뉴욕에서 온 존입니다. ㅋ.

응, 느그 백악관 버닝.

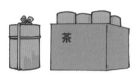

차는 올해 신품으로
200박스쯤 떼 가고 싶은데.

ㅇ ㅋ.

아, 그리고 독일 무슨무슨 대공
환갑잔치 기념 도자기 서른 세트,
문장·문구 넣어서 석 달 안에
가능할까?

ㅇ ㅋ.

대금으로
국채도 받아줌?

영국 국채는
언제나 환영이야.

영국 자본에 대한 중국 행상들의 신뢰는 확고한 것!
10여 년 전, 나폴레옹 전쟁 때에도,

헑:: 영국이 전쟁에서 지면
영국 채권 다 휴지조각 되는데
받아도 되려나?!::

ㄷㄷㄷ

그때 오씨네 아버지는,

영국 채권은 받아!
이 전쟁, 영국이 이긴다!!

비록 나폴레옹이 유럽 천하에
무력으로 패업을 쌓았다지만,

나님은 《손자병법》도
다 읽었지!

전쟁을 즐기고 유서 깊은 제왕공가의 맥을 끊으며 스스로 칭제하니,
망탁조의와 같은 류다.

《삼국지》도
읽어야
했나?

왕'망'   동'탁'   조'조'   사마'의'

강한 화살도 결국 힘이 다하면 떨어지는 법,
그 앞날이 밝지 않다.

그리고 영국의 은화는
전쟁에도 불구하고
크기와 질에 변함이 없으니
분명 영국이 이길 것이다.

그렇게 항상 득을 놓치지 않는
광저우 행상들이기에 오늘날
전 세계의 은을 모조리
쓸어모은 게지.

행상에 쌓인 은이
어찌나 많은지.

예전에 광저우에 대화재가 났을 때,
행상 창고에 쌓인 은이 녹아 주강으로 흘러,
강이 바다에 이르기까지 녹은 은으로 가득 찼다고 한다.

지금도 주강 바닥은
은으로 코팅되어 있어서
물이 맑은 날에는
은빛으로 빛난다 카더라.

서양 상인들에게 팔 물건을 떼오기 위해
행상들은 내륙 깊숙이 들어갑니다.

내륙의 차 농장들을 돌고,

올해 찻잎은
갓차군요.

확률적인 향

쿵카 쿵카

도자기 공방에
주문을 넣고,

내륙 거래처에 서양 물건을 배달하고, 주문도 받고,

광저우에 돌아와 서양 상관에서 이것저것 구매하고.

서양 상인들과 회식하며 사업 이야기도 하고.

영국 음식도 케첩을 처바르니 먹을 만하군요.

근데 케첩 재료로 생선이 아니라 토마토를 쓰면 더 낫지 않을까요?

서양 서적 번역도 하고.

아니, 중학교도 못 나온 나님이 어째서 상법 개론을 번역하고 있는 걸까요;;

이러려고 원어민을 고용한 거란다.

뭐, 아무튼 이리저리 몇년 구르며 차이나드림을 일구었습니다.

근데 맨날 차만 마시니 고향의 커피가 그립네요.

6년 후.

존! 미국에서 편지 왔다!

oh!

132

형이 포경선 타면서
보낸 편지인가….
아버지는 마약 중독자 센터 탈출….
헐, 잭슨이 대통령 당선;;
포퓰리즘 망국론 나오나요….

음?

애나벨이
집안 빚 때문에….

애나벨 게이트. 소꿉친구이자
짝사랑하는 소녀. 물병자리. A형.

서부의 어떤 홀아비한테
(팔려) 시집가게 생겼다고?!!

안 돼!!

미국으로 돌아가서
애나벨을 구해야 해;;

제 6 장

차향은항
2

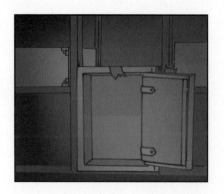

"꽝저우 13행의 금고에는
은이 산을 이루고 있다"라는 이야기는
반만 사실이고 반은 구라지.

은이 산처럼
쌓여 있으면,

그중에 반은
벼슬아치 분들께서 퍼가시거든.

퍼가요~ ♥

저 금고도
아까 오후에 해관의 높으신 분께서
털어가신 덕분에
깔끔하게 비워 있는 거란다.

아하~!

쌀 한 톨 못 만들어내는 상인 부자놈들이
술수로 모은 돈은 얼마든지 털어도
괜찮다는 것이 중화 5천년의 상식!

아오:; 서양에서는
부르주아 사유재산권을
최고 존엄 불가침권리로
본다는데….

서양에서는 상업 자본 세력이
정치권력의 한 축으로
치고 올라왔으니까.

권력은 지갑에서
나온다!!

권력 그 자체라 할 수 있는 이데올로기
결사체, 관료&워너비 집단의 철옹성인
이 나라에서는 상상도 할 수 없는 일이야.

그렇게 높으신 분들께
수탈당하고 남은 은은…

나머지는 빚쟁이들이
퍼갈게요~.

무한 펌질~♥

이게 왜 그런가 하면,

억울하면
런던 법원에
제소하세요~!

서양인이 광저우에서
돈 떼먹고 튈 경우,
중국 행상에겐
방법이 없지만.

행상이 부도를 내면
공행 규율 위반으로
행수가 유배형에 처한다.

헐; 그러면
좀 미안한데;;

행상들은 연대보증으로 엮여서
한곳에서 자금경색이 일어나면 줄줄이 앉는 것.

끄아아아아아아악!

이 때문에 단기 자금 융통을 위해
행상은 거의 항상 빚을 내고 있다.

중국 국내 표호·전당에서는
거액 대출이
쉽지 않기 때문에,

돈은 양놈들이
많지요.

※전당典當·
표호票號:
중국 전통
금융기관.

서양인들의 돈을
빌려야 하는
경우가 많아::

대신 이 모직물
처리 좀:: ㅎㅎ

빚을 빌미로
양놈들이
쓰레기 상품을
떠넘기기도 하지.

어휴, 당연히
빌려드려야죠.

그런 과정을 거치다보면,
산처럼 쌓인 은이라는 건
행상에 잠깐 머물다가
사라지는 신기루일 뿐이야.

머릿속이 맑아지고
호흡이 편안해지며
육신의 온갖 곤란함과
오욕칠정을 벗어버리니,
등선해서 능히 신불과
평안함의 경지를 겨룰 만하다.

응, 아냐.

지옥행이야.

그리고 아편은
이 한 몸의 치유뿐 아니라,

사업손실을 메꾸는
고마운 상품이기도
하지.

헐크?!

아편 거래에
손을 대신 겁니까?!

네 월급도 여기서
나오는 거다….

으어어어어;;;;;

이제 광저우는
아편 없인 못 굴러가.

흐으,
미국 꼬맹이.

※아편 정제:
기원전부터 진통제 수면제로
널리 사용됨.

원, 아편의 유해성에 대해서는
학계에서도 아직
논란이 분분하다고.

영국에서는 불법도 아니야.

똥의 비위생성에 대해서도
논란이 분분하겠지요.

영국인들은
똥도 먹겠지요.

Opium

봐봐, 너나 나나 광저우 무역판에
인생 건 팔자들인데,

광저우에서 무역이
제대로 돌아가려면
아편 없이는 안 된다고.

예?
세상에 나쁜 개는
없다던데, 대체
이 개소리는 뭘까요.

알다시피 영국은 오랜 기간
중국에 은을 바쳤다.

TAKE MY
MONEY!!!

영국인들이 물보다
더 많이 마시는
차를 사오기 위해!
(차를 따를 도자기 세트도)

핫차 핫차~

차오~!

중국으로 계속 은을 퍼 나르다보니
은 가격 상승으로 점점 수입 단가가
부담스러워진 것::

영국

중국

※4장 참조.

이렇게 대중 무역적자가
지속되며, 은 가격 상승으로
상인들의 수익율 악화.

이 스트레스를 날려버릴
명쾌한 솔루션을
권해드립니다.

음?

다 함께 아편 빨고
행복해집시다!!

아니, 아편 따위로
좋아질 기분이 아니….

왔따! 시부레!
뿅 가 죽네!!

152

So,
아편 덕분에 무역 불균형이 해소되고
은 가격이 안정되어 광저우의 교역이
계속 번창할 수 있게 된 것이다.

마약상 새끼가
개소리를 참 길게
짖는군요!

그리고 이번에 동인도 회사의
동양 교역 독점권 폐지가 결정되어서(1832)
다들 동양 무역 회사 설립에 뛰어들고 있지.

그래서 말인데,
이번에 설립되는 우리 상회로
올 생각은 없나?

…!

… 일이 그렇게 되었습니다.

셋째놈이 아편에 손을 댔다니 부끄러운 일이구먼.

광저우 13행 총상 오병감

뭐, 사실 부끄럽기로는 이미 아편에 골수까지 쩔어버린 이 청나라가 더 부끄럽지만…

위로는 황실과 조정에서부터

말단 지방 관리, 군대의 장교와 병사들에 이르기까지.

아래로는 소작농과 객가, 걸인, 만화가에 이르기까지.

어디를 가나 아편 폐인이
발에 치이지 않는 곳이 없고,

아편으로 패가망신한 일가의
울음소리가 들리지 않는 곳이 없다.

마약의 폐해도
폐해거니와,
경제적으로도
큰 문제인 것이

아편 구입
비용으로
중국의 은이
계속 해외로
유출되다 보니….

영국

중국

은이 다 어디 갔지?!?!

나라 안에 은이 부족해지며 은 가격이 올라서,
예전에는 세금으로 은 한 전을 내기 위해
쌀 한 말을 팔면 되었는데,

#$@#$%!

이제는 세금으로 은 한 전을 내기 위해
쌀 두 말을 팔아야 하는 것이다!

농민들뿐 아니라 이런저런
사업장들도 은 부족에
디플레이션 충격으로 붕괴.

은으로 내야 하는
각종 비용을
감당할 수가 없다;;

소작지에서 쫓겨나고, 직장에서 실직하고,
세금을 피해 야반도주한 유랑민과
빈민들이 폭발적으로 늘어난 것.

시방 우리는 사회의
시한폭탄이 된 것이여.

이렇게 존망내 풀풀 풍기는
왕조 말기적인 상황이지만,

조정에 썩은 관리들만
있는 건 아니어서,
나라를 구하고자
계책을 궁리하는
지사들이 없지 않다.

구국대업
천하방략!

일단 눈엣가시인 아편을 제거하고
가깝게는 서양을 배워
서양을 막아내고,

궁극적으로는 그 배움으로
천하를 개혁해 청조의 중흥을!

아편 중독인 대리님도 돌보아야 하고⋯.

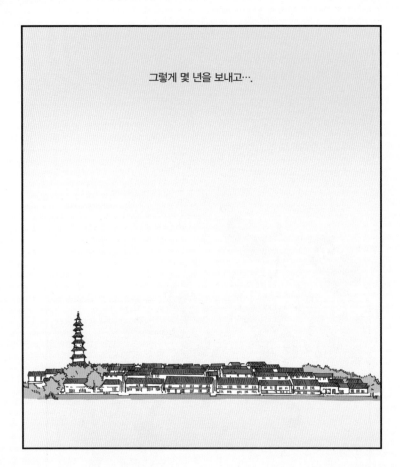

그렇게 몇 년을 보내고….

이런 시국에
광저우를 떠나려니
마음이 좀 꿍기꿍기합니다.

이런 시국이니
전쟁 터지기 전에 얼른 떠나야지.

네가 미국에 있는 게
더 도움이 된다.

그래도
거액의 퇴직금까지
챙기니 켕기네요.::
사무실
금고상황이 빤한데::

그간의 번역 작업 등
노고에 걸맞는 대가야.

흠차대신께서도 자네의 성과에
크게 감명받으셨다.

하지만 그런 게
곧 닥칠 전쟁에서
무슨 도움이 되겠습니까:

전쟁으로 광저우가
망할 텐데.

뭐, 광저우 13행 100년의
영화면 많이 해먹은 게 아닌감.

네 가방에 실려 미국으로
건너간 은이 새로운
번영의 분봉을 이루겠지.

서양을 배우고자 하는 바람에
보탠 너의 노력도,
민들레 홀씨처럼
이 땅 천하사방으로
널리널리 퍼질 것이고.

크흡!!

빠이빠이!!
拜拜

쪼이끼인!!!
再見

미국으로 돌아간 존 머레이 포브스는 광저우에서 번
돈을 바탕으로 대중對中무역과 철도 사업에 나서 대성하고,
이후 노예 해방운동을 지원하고 링컨의 후원자로 명망을 떨친다.

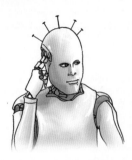

P.S. 굽씨의 오만잡상...

18세기 말 ~ 19세기 초, 광저우로 몰려들어온 서양인들과 중국인들이
교류하여 비즈니스를 엮어나가던 그림은 아편만 없었다면 꽤나
흐뭇한 그림일 것인데, 일이 참 야릇하게 되었지요.
근데, 그리 일찍부터 서양과 대규모로 교류하면서도, 사회 문화적으로
서양의 앞선 문명에 손톱만큼도 감화되지 않은 중국의 사례를 보면
서양과 접하는 시기같은건 근대화에 딱히 크게
중요한 요인이 아닌것 같기도 합니다.

그 이야기의 주인공 콘 아메이 포브스는 중국무역과 철도 사업으로
대성한 후, 노예해방운동을 적극적으로 지원하는데,
그 지원대상이 상당히 래디컬한 과격파 인지라, 노예상인 암살하고
노예 농장주 저택에 불지르고, 무장투쟁을 선동하는 단체였지요.
그리 노예제를 혐오했었던지라, 링컨을 후원해 대통령 당선에
큰 역할을 합니다.
이후로도 포브스 가문은 미국의 명문가로 그 명성을 대대로 이어가는데요,
유명한 경제잡지 포브스와 이 포브스 가문은 별 관계가 없습니다.
그냥 성씨가 같은 두 포브스가 있었던 것 뿐이지요.
광저우 13행에 다룬 중국 다큐멘터리에서 콘 아메이 포브스의 아들이
포브스지와 관계가 있는 것처럼 소개한 덕에 인터넷같은데도
그리 검색되는 경우가 종종 있습니다만,
실제로는 아주 관계 없습니다.

지금 기준으로 보면
정의로와 보이지만,
당시 기준으로 보면
재벌이 테러단체
지원하는 모양새로
비쳐 졌겠지요.

FORBES
$ ≠

제 7 장

대항해시대
지팡구

이자나기·이자나미 남매가
결혼해 태평양 가장자리에
싸지른 일본 열도.

태평양에 길게 누운 섬이라는 지리적 특성상,
일찍부터 활발한 해양활동이 있었습니다.

특히 일본 내부가 혼란기일 때에는
더욱 많은 사람들이 바다로 나왔습니다.

168

그렇게 바다를 건너온 일본인들의 해적질은
우리에게 '왜구'라는 이름으로 익숙하지요.

일본인들은 14~16세기에 이르는
왜구 웨이브로 동북아의 태평양 연안을
쑥대밭으로 만들기도 하고,

동남아에 가서 용병으로 뛰기도 하고,

동남아에 정착해서
재팬 타운을 건설하기도 하고,

동중국해의 끝과 끝을 오가며
활발한 무역활동을 벌이기도 합니다.

뭐, 그런 일본인들이었기에 16세기 중엽,
포르투갈인이 나타났을 때도
그리 놀라지 않을 수 있었습니다.

유럽인들이 머나먼 일본까지 온
가장 큰 이유는 바로 은銀 때문이었습니다.

16세기, 일본은 격동의 전국 시대.

지방 영주인 다이묘들은 전쟁 비용 마련에 고민.

마침 조선에서 도입한 연은분리법으로
은을 대량생산하게 됨.

몸에 나쁩니다.

왜 정작 조선은 은을
대량생산하지
못했을까요?

괜히 은을 막 파냈다가
인플레이션 터지면 어쩔겨.
은광 소문나면
은에 환장한 중국놈들한테
달달 볶인다.

그렇게 일본에서 은이 펑펑 나오는 와중에
중국에서는 은납제로 은 가격이 상승.

양놈 상인들아,
어디 가서
은 좀 구해와봐라!

은 가격이 강세고
금 가격이 약세인 중국.

근데
왜놈들하고는
교역 안 함.

금 가격이 강세고
은 가격은 약세인 일본.

쟤네 둘이
서로 교역을
안 한다고?!

그렇다면,

일본의 싼 은을 사서
중국에 비싸게 팔고
중국의 싼 금을 사서
일본에 비싸게 팔고
일본의 싼 은을 사서
중국에 비싸게 팔고
중국의 싼 금을 사서
일본에 비싸게 팔고
…무한반복!

그리하여 16세기 말 17세기 초 유럽인들은
동중국해 개꿀 교역 루트를 구축합니다.

이 동네에서 그냥
뺑뺑이만 계속 돌아도
재벌행이다!

금·비단·면직물

은·구리

향신료·설탕·우단

마카오

은·향신료

마닐라

그 과정에서 일본에 유럽의 총포기술이 전해지고,

국산 조총을 마구 찍어내,
일본은 순식간에 세계 1위
총기 보유국이 되었습니다.

예수회 선교사들에 의해
가톨릭도 전래되었습니다.

이 선교사들은 스페인 선박의
교역품 위탁 판매를 맡아 선교 자금을 벌었습니다.

일본 상인들은 이토왓푸 동맹糸割符이라는
컨소시엄을 구성해 교역품을 도매로 매입합니다.

이렇게 수입된 비단과 면직물은 일본에
패션 혁명을 불러일으킵니다.

독재자 오다 노부나가는
이런 유럽 문물에 흠뻑 빠져 살았다고 합니다.

오다 노부나가

아케치 미쓰히데

하지만 뒤를 이은 도요토미 히데요시는
서양 문물에 부정적이었습니다.

도요토미 히데요시

뒤를 이은 도쿠가와 이에야스는
유럽과의 공식 외교교섭을 추진합니다.

도쿠가와 이에야스

스페인 국왕 펠리페 3세와의 교섭은
각종 문제가 겹쳐 결렬됩니다만.

네덜란드와의 교섭은 성공.
국서를 교환해 이후 400년 동안 외교관계가 지속됩니다.

영국의 제임스 1세에게는 일본 갑옷을 선물로 보냄.

도쿠가와 이에야스의 이런 외교 정책 뒤에는
네덜란드에 고용된 영국인 윌리엄 애덤스가 있었습니다.

스페인 신부들의
통역 주작에도
불구하고,

애덤스는 훌륭한 PT로
일본 지도층의
눈에 들고,

이에야스의 외교고문이 되어
사무라이 신분을 받습니다.

수학·과학
강의도 하게.

출세하려면
역시 이과군요.

애덤스는 일본 해역에서
영국에 유리한 여건을 조성하기 위해
스페인을 까는 데 힘씁니다.

선교사들을 먼저 보내고
그다음에 군대를 보내는 게
스페인 놈들의 침략 수법이죠.

얼굴에 빨간 십자가 있는 건
감염된 미친놈들이에요!!

너도 빨간 십자가여!
미친놈아!

16~18세기
스페인 국기

잉글랜드 국기

네덜란드와 영국의
상관 개설을 돕고,

하지만 저놈들이
서로 싸우기 시작해서
입장이 난처해지죠;;

일본 최초의 서양식 범선 제작도 맡습니다.

그리 만들어진 범선은 필리핀에 인도되고 멕시코행.
태평양 횡단에 성공합니다.

이 무렵에
멕시코로 건너간 일본인의
핏줄이 오늘날까지
이어져 내려오고.

일본인
가톨릭 신자들이
바티칸까지
가기도 합니다.

애덤스는 북방항로 개척도
구상했지만 실현되지는 못합니다.

이후 막부와 네덜란드 동인도 회사의
일을 맡아 동중국해를 돌아다니다가,

1620년, 많은 재산을 남기고 사망.

조선은 대항해시대 주류에서 빗겨나 있었기에,
서양인이 조선에 우연히 들어오면
곤란해지는 경우가 있었습니다.

제 8 장

왜죠?
일본쇄국

역사만화 학회에서
주최하는
역사 탐방 MT에
같이 안 갈래요?
고양 스타필드로
간다는데.

아니, 뭐 딱히
별로 안 땡기는데요.

단재 신채호 선생께서
"역사를 잊은 민족에게
미래는 없다!!"
라고 하셨잖아요!?

그러니까
같이 갑시다!!

헐, 그럼
누가 한 말이지?

누가 한 말이건
맞는 말이면
그만 아닐까요.

아, 그거 신채호 선생이
한 말 아닌데요.

음? 그 비슷한 말도
어디서 들어본 것 같은데;

"나는 날 때부터
쇼군이다!"

도쿠가와 이에미쓰
德川家光.

…그리고
쇄국령 실시!
나라의 문을
닫는다!

에도 막부 3대 쇼군.

어째서?!

1630년대 말

日本鎖國

여러 가지
이유가 있지….

190

※**시마바라의 난**: ㅅㅂㄹㅁ의 난 아님.

더구나 가톨릭은 외세를
끌어들일 위험도 있고.

우리를 너무
과대평가하는데:

아, 글쎄 잉카·아즈텍이 어떻게 망했냐 하면요~

가톨릭·스페인에 대한 네덜란드인들의 지속적인 방해 공작도 가톨릭 탄압에 영향을 끼쳤을듯.

흠;

얍실하네.

2. 지방세력 견제

17세기 초는 도쿠가와가의 천하통일로 100년의 전국 난세가 겨우 끝난 시점임.

이제 쇼군을 정점으로 하는 안정적인 사회체제를 만들어야 하니까.

지방세력들이 다시 날뛰지 않도록
힘을 약화시키고 통제해야 함.

고로 지방세력의 주요 자금원이었던
대외무역을 막아야 합니다.

지방세력이 외세와 결탁할
가능성이 있다는 것도 두려운 일.

그러니 안전하게 나라 문을 닫고
들이지도 나가지도 맙시다.

이 귀한 은을 잡동사니 사는 데 너무 낭비했어!

무역적자 짜증나니 무역을 접는다!

그렇다고 비단 안 살거임?ㅎ

鎖國 안 사!

우리가 만든 것 우리가 쓰자!

비단·면직물·설탕 등의 수입품을 국산품으로 대체한 것도 쇄국의 한 요인으로 꼽힙니다.

양잠·목화 재배 확대.

설탕은 오키나와 침략, 아마미 군도를 병합해 생산.

$!#@!! 충치나 걸려라!

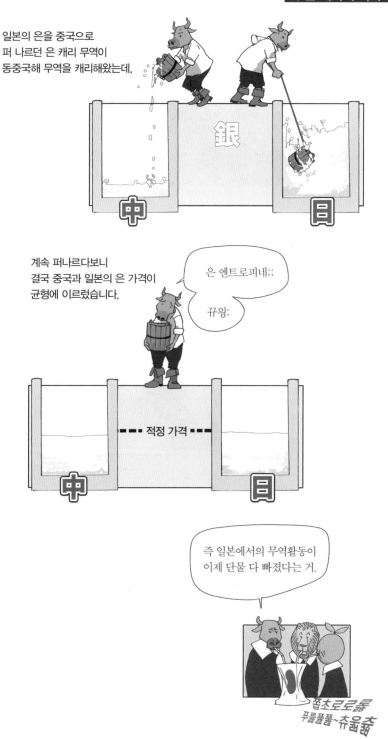

일본의 은을 중국으로
퍼 나르던 은 캐리 무역이
동중국해 무역을 캐리해왔는데,

銀

中 日

계속 퍼나르다보니
결국 중국과 일본의 은 가격이
균형에 이르렀습니다.

은 엔트로피네;;

뀨잉;

----- 적정 가격 -----

中 日

즉 일본에서의 무역활동이
이제 단물 다 빠졌다는 거.

쫍초로로룸
푸름품품~츄읍춥

그리하여 쇄국에 즈음해,
서양 세력도 딱히 큰 미련 없이
일본 장사를 접는 쪽으로 결정.

그 안에서 혼자
잘 먹고 잘 사쇼.

잡상인
사절

의외로 얌전히
가시는구먼.

6. 아직 만렙 못 채운 서양

17세기 서양은 아직 동양에
압도적인 위용을 보여줄 단계가
아니었습니다.

짜잔~!

잡다한 기기들과
과학지식이
신박하긴 하지만.

딱히 파워풀한 국력이
엿보이지도 않고,

유럽 최강을
가리자!!

국운을 건 대전쟁이
4, 5만 명 규모의
전투라고?

우린 내전이
10~20만 명이여….

무력도 크게
무서울 수준은 아니었습니다.

대포는 조금
무섭지 않나요?

총포류도 금방 일본에서
복제할 수 있는 수준이었으니까.

이게 막
번갯불이 나가는
막대기입니다요.

번갯불보다는
흑색화약과 납탄을
믿어보겠습니다.

산업혁명·시민혁명
이전의 유럽은,

17세기에도 유럽이
앞서 나가고 있었다고!

과학기술·상공업·근대 국민국가
포텐 폭발에 의한 시장확대 제국주의에
나서기 전이었던지라,

서구 문명 만세!!

19th century

서세동점의 압박은 200년 후에나
나올 이야기였습니다.

양놈들이 오려면
아직 멀었겠지.

맨날 싸우며 분란만
일으키는 양놈들,
가까이해서 딱히
득 될 게 없을 듯.

@#$%@#%$!!!

쇄국. ㄱㄱ!

그러니까
이제 쇄국의 배경들은
대충 알겠지?
역시 이불 밖은 피곤해!

ㅇㅇ. 다음
히키코모리.

일본의 대항해시대 컨텍은
이렇게 쇄국으로 끝나지만,

이 시기의 경험은 훗날
제국주의 시대 개항을 위한
모멘텀의 일부가 됩니다.

머나먼 극동 구석탱이에—

서양인들이 잡동사니를
떨구고 갑니다.

이후로 일본인들은
그 경험을 딛고
대양 너머 다른 문명을
인식한 것입니다.

그 시기가 남긴 가장 중요한 자산 가운데 하나는,

나가사키의 데지마,

나가사키 카스텔라죠!!!

질긴데요?

밑에 있는 종이까지 먹지 마세요….

※카스텔라:
대항해시대, 스페인인들이
일본에 전해준 음식.
스페인 지역 카스티야Castilla에서
이름이 유래됨.

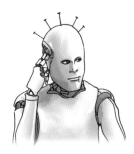

P.5. 굽씨의 오만잡상...

일본인들에게 도쿠가와 막부가 인기없는 이유중 하나가
전국시대의 활반했던 대외교역을 폐하고 쇄국정책을 펼친것이라 합니다.
더군다나 이후 근대화 과정에서 타도 대상인 암시앙레짐이었으니
인기가 있을 수가 없겠지요.

—라곤 하지만 그건 옛날 얘기가 되겠습니다.
여러모로 재평가되고, 화려한 도시문화가 주목받고,
이런저런 사극들에 의해 버프받으면서,
에도 시대는 전국시대와 쌍벽을 이루는 인기 시대로!

—라고 써라.

니예
니예

쇄국시대, 카톨릭 탄압이 극심하여 신자들은 비밀리에 신앙을 이어가야 했습니다.
카쿠레키리시탄 이라 불리는 비밀 카톨릭 공동체를 이루게 된 것입니다.
이들은 후미에를 통과하기 위해 깨끗이 씻은 발로 성상을 밟은후
집에 돌아와 회개기도를 드리고 발 씻은 물을 마셨다고 합니다.
그 신앙을 19세기 일본 개항 때까지 지켜 다시 유럽의 카톨릭 신부들을
맞이할수 있었다고하니 참으로 신앙의 기적이라 할수 있겠습니다.
뭐 그런 엄청난 역사를 가진 것 치고는 오늘날 일본 카톨릭세가
그리 크게 융성하지는 않습니다만…

제 9 장

히키코모리의
숨구멍

아시아 태평양의
사해동포
이웃나라들이,

침략과 전쟁으로도 엮이고,

다시 평화와
교류로도 엮인 까닭은,

모두가 질기디 질긴 인연의 붉은 실로
연결되어 있기 때문이 아닐까요.

북쪽에서는 홋카이도의 아이누족과
교역이 이루어졌고,

오, 이것이
다시마!

조선과는 부산의 왜관을 통해 교역이 이어졌고,

이번 신작들이
쩔지요.

다시마로
국물맛 좀
내보셈.

나가사키에는 허가받은 청나라 상인들이
들어와 좌판을 벌였습니다.

사쓰마 번이 침략한 오키나와를 통해서도
해외 각지와 밀무역이 이루어졌습니다.

날강도+밀수꾼이냐.

그리고 특히
중요한 대외 창구는,

이곳 나가사키의
네덜란드 상관!

出島

데지마

아무리 은둔형 외톨이로
방구석에 처박혀 있다고 해도,

아, 위꼴;;

네덜란드 상관 설치 허가.

하지만 통역사와 기생 들이
데지마를 출입하며
네덜란드인들과
친목을 쌓았습니다.

관계자들은 데지마에서 접한
신기한 서양 문물에 빠져들고.

높으신 분들이 좋아하는
정교한 서양 물건들뿐 아니라,

서양의 신기한 지식들을
담은 책자도 들여와,

일본어로 번역했습니다.

§ 역자 후기 §
막부 단속에 걸리면
역자라서 항복해요~♡

§ 식자 후기 §
오란다에서 오란다.

그렇게 번역서에 담겨
일본에 전해진 네덜란드산 서양학문을 일컬어….

이것이 바로
난학!

난학?

난(naan),
하읽!

난 학鶴.

네덜란드의 한자 이름인
화란和蘭의 학문이라는 의미로
난학蘭學이라 이름 붙습니다.

근대 유럽의 여러 신기한 학문적 성과가 번역되어
난학이라는 이름으로 일본에 들어옵니다.

데지마의 네덜란드 의사들에게
서양 의학을 배운 일본인들이

난의蘭醫라는 이름으로 의원을 차려
인기를 끌었다고 합니다.

이에 일본 의사들이 반발해
중상모략을 퍼뜨리기도….

난의들이 양놈들에게
아기를 팔아먹는다!!

1774년, 난학의 대표적인 성과인 해부학 책
《해체신서》가 난의들에 의해 번역·간행됩니다.

저거 봐라, 저거!
사람 잡아다가 갈라보고
그린 거잖아!!

신경·연골 등의 한자어도
이때 번역하면서 만든 단어.

같은 해에 뉴턴 역학이 《역강신서》로 번역되고,

음, 이래서 사과가
떨어지는 거구면.

1776년에는 라이덴 병과 전기 발생장치를
복제해서 만들어냅니다.

1810년, 세계지도를 번역해 〈신정만국전도〉를 제작.

이 시기에 서양식 시계가
일본에 전해지고,

흐, 이런
시스템이었군.

일본 장인들은
시양 시계를 모방한
시계뿐 아니라
그 톱니바퀴 구조를 응용해
자동인형까지
제작하기에 이릅니다.

언어학에는 난학을 대표하는 천재
언어학자 바바 사주로가 있었습니다.

프랑스
백과사전도 번역.

바바 사주로가 책임자로 있던 만서화해어용에는
다른 여러 난학자도 참여했고,

※만서화해어용: 난서를 중심으로 한 번역기관.

이 기관은 개항기의 양학소와

양서제조소를 거쳐

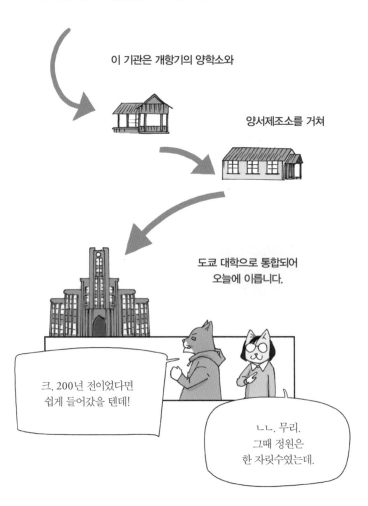

도쿄 대학으로 통합되어
오늘에 이릅니다.

아니, 근데

저 정도로 난학이 활발했는데 어째서 바로 근대화로 이어지지 않은 걸까요?

뭐, 난학을 대단한 것처럼 이리 묘사하기는 했지만…

어쩌니 저쩌니 해도 동양에서 제대로 된 학문 취급을 받는 건 '유학'뿐이었으니.

유학 미만으로는 학문이 아니라 잡기일 뿐이지.

소데스네~!

난학에 빠진 사람을 경멸하는 시선이 에도 시대 내내 이어졌습니다.

오란다!
갈란다!
베란다!

※**오란다**オランダ.
(네덜란드)

어휴,
네덕(네덜란드
덕후) 냄새;;

※**난벽**蘭癖
: 난학에 중독됨.

무사가 어찌 저런 경박한 즐거움에 관심을 가지겠는가!

더구나 막부는 체제 안정을 위해
때때로 난학을 탄압하고
책을 불태웠습니다.

견고하게 짜인 폐쇄적인
봉건사회에 서양물이 살짝 스쳐
몇몇 사람에게 영향을 끼쳤다고 한들,

난학은 그저 밥 먹는데 스친
다른 음식 냄새였을 뿐이었으니.

흐흐 재밌네~.

서양에 대한 흥미와 관심은 수박 겉핥기 수준을 넘지 못했습니다.

서양 문명의 거대한 총체,
과학적 방법론과 근대철학,
자연과학과 각종 공학,
시민혁명, 인본주의, 자본주의 등
서양인들 스스로 문명이라
일컫는 모든 것.
난학이라는 작은 구멍만으로는
도저히 그 크기조차 가늠할 수
없는 다른 우주였습니다.

물론 난학이 훗날 일본의 서구화 적응에 도움이 되긴 했지만,
당대의 사회적 의미는 크지 않았던 것.

이때 막부에 세계 정세를 요약한
풍설서라는 보고서를 제출합니다.

세계는 지금!

올해 유행하는
색깔은
오렌지색!

그딴 건 됐고!

쓸데없는 내용도 많았지만,

유럽은 지금
누가 짱이오?!

네덜란드 상관장의 보고서 덕분에 막부는
유럽과 전 세계의 근황을
매년 업데이트받을 수 있었습니다.

물론 유럽은 언제나
네덜란드가 짱입니다!

응, 구라. ㄴㄴ.

※네덜란드는 17세기 말, 영불 다구리로 몰락기 시작.

세계 근황 보고를 통해 일본 지도층은
서양이 나날이 강성해져 점차 동쪽으로
밀고 들어오는 형세를
인지할 수 있었습니다.

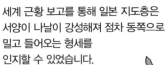

영국에서는 왕의 목이 따이고,
프랑스에서는 루이 14세가
태양왕이라 불리고 있습니다.

천황과
비슷한 건가?

영국이
인도 패권을 잡았습니다.
영국의 아메리카 식민지가
독립해서 미국이 되었습니다.

영국이
천축(인도)에?!

프랑스에서 대혁명 발발!
마왕 나폴레옹이 전 유럽을 석권!
우리 네덜란드도 나폴레옹에게
점령당했습니다!!

유럽의
노부나가인가?!

226

일본인들은 자신들의 전국 시대 경험에 비춰
네덜란드인들이 전해오는 세계 정세를 세계전국世界戰國으로 인식합니다.

러시아놈들 땅이
우리 뒤통수까지 왔네?
ㅎㄷㄷ;;

약하면 망하는
잔혹한 세계.

이러한 세계 인식은 세계 속 일본의 위치에 대한
위기의식을 꾸준히 상기시켜 이후의
개항기에 큰 영향을 끼칩니다.

와: $@#::
세계는 미친
아수라도네;;

19th century

우리 섬은
괜찮으려나?:::

그리고 1842년, 네덜란드 상관에서
전해온 중대한 소식에 그 위기의식은
절정에 달했으니….

대박 속보!!
영국놈들이 아편 문제로
막 총 쏘고
GR하더니만!

중국이 개발렸…

중국에서 라멘이
건너왔습니다해!!!

라멘의 육수는 돼지 땀과
성분이 같다는 설이 있지요.

….

청나라 상인이 아니라
명·청 교체기에 일본으로
망명한 명나라 유학자가
최초로 라멘을
선보였다는 설도 있다.

P5. 굽씨의 오만잡상...

서브컬쳐적 이미지로서의 난학은 외관까, 일본의 고색창연한 전통미에
서양의 근대 공학이 어우러져, 참으로 이색적인 풍미를 만들어 냅니다.
스팀펑크에 빗대 우드펑크 라고 불러도 좋을 것 같습니다.
wood
꾹 거대한 목제 톱니바퀴들이 등장하더라고요.

다시마는 이 시기 홋카이도에서 아이누인들에 의해
일본에 수출되었고, 다시 일본인들에 의해 중국과 조선으로
퍼져나갔습니다. 그 감칠맛은 동아시아 요리사에
크나큰 이정표가 되었지요. 뭐, 초기에는 약재 취급이었다고도...

아편전쟁 1,
파국의
서막

청나라 8대 황제 도광제는 황태자 시절,
당시 유행하던 아편을 빨고 권총을 휘두르며
사냥을 즐기던 쾌걸 인기남이었습니다.

뿅빨샷 크리
빵빵 터지네요~!

道光帝

하지만 보위에 오르면서 아편의 폐악을 절감하고,

@#$%!!

체중저하·ADHD·
의존증·집착증·
발기부전·난청·
단기기억상실·
요실금·똥샘.

복합 약물치료와 헬스, 조깅, 사우나 등의
물리치료를 병행, 아편 중독을 극복합니다.

마약은 노력과 의지로
끊을 수 있습니다!!

홍삼·커피·코카잎·똥술 etc

헐;

이후 가족·친지·아편 중독자 들에게
아편을 끊도록 강권.

티베트의 마약 중독자
재활 캠프로 보내라.

으어어!
프리 티베트!!

그리하여 국가 차원의 아편 문제 논의에서 도광제의 입장은….

어차피 아편의 완전 근절은 어려우니 합법화해서 세금을 받는 게 나을 듯요.

은 유출 문제가 심각하니 아편을 국산화해서 무역적자를 막아야.

…

마약 합법화니, 국산화니, 뭔 약 빤 개드립들이여?!

너네 자식들이 아편 빨아 제껴도 국산 아편이면 괜찮냐?!

헉, 어떻게 아셨지?!

도광제는 강력한 아편 엄금 입장을 지지했으니, 이는 만고의 명신 임칙서에게 힘을 실어준 것.

여유시! 이래야 내 황제 폐하지! 아편 OUT!! 클린 차이나!!

林則徐

아편 엄금을 국가정책으로 정한 도광제는
임칙서를 흠차대신(특명 임무 전권)으로 임명.

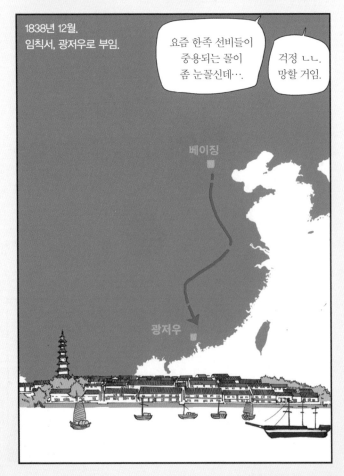

새 보안관이
온 건가?

뭐, 저 양반도
떡값 좀 발라주면
노프라블럼이죠.

임칙서는 먼저 광저우 행상과 접촉,
서양에 대한 공부부터 시작합니다.

서양놈들을 잡으려면
서양에 대해 좀
알아야 쓰겠는데….

마침
서양 문물·제도에 대해
번역해둔 자료들이
좀 있습니다요.

아, 사과가 이래서
땅에 떨어지는
거였구나….

그리 익힌 서양지식으로 서양인들에게
이치를 따져 물어 아편 몰수를 진행합니다.

이에 영국의 무역 감독관 찰스 엘리엇이 격렬하게 항의했지만…

1839년 5월, 압수한 아편을 석회와 바닷물을 이용해 폐기하고 바다로 방류. 수많은 뽕쟁이들이 해변가에서 통곡했다고 합니다.

$CaO + H_2O = Ca(OH)_2$. 석회와 물의 반응 과정에서 열이 발생하지요.

아이고오오.

이후 서양 상인들에게 통보, 각국 상인들은 모두 아편 금수 각서에 서명합니다.

자자, 서양 사장님들, 아편 반입을 안 하겠다는 각서에 서명만 하면 광저우에서 계속 교역하실 수 있습니다요~.

ㅇㅇ. 서명함.

착한 각서. ㅇㅈ.

영국 상인들도 각서 수용 쪽으로 기울지만,

어, 우리도 일단 각서에 서명해야겠네.

엘리엇은 영국 상인들의
각서 날인을 막습니다.

광저우에서 쫓겨난
엘리엇은
영국 상인들을 이끌고
포르투갈령
마카오로 내려가서
농성합니다.

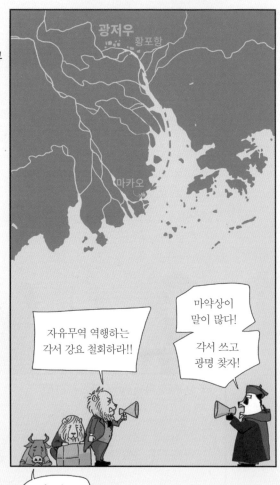

그러다가 영국 수병의 중국인 살해 사건이 발생하고,
8월에는 마카오에서도 쫓겨나 홍콩 섬으로 가게 됩니다.

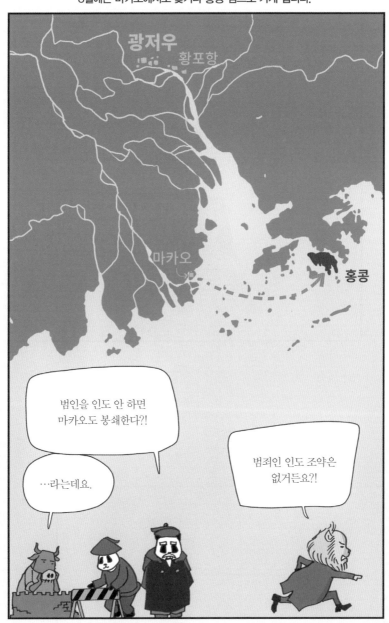

엘리엇과 영국인들은 아무것도 없는 돌섬인 홍콩에
천막 치고 들어앉은 채 농성을 이어갑니다.

1838년 8월, 런던에서는 자딘 매터슨 상회의 대표 자딘과 매터슨이
영국 정부를 움직이기 위해 여기저기 쑤시고 다녔습니다.

현 정부 여당은 멜버른 총리가 이끄는 휘그당.

상업 자본, 부르주아 계층을
지지 기반으로 하는 휘그당 정권이기에
상업 이익 수호를 위한 군사 개입에 적극적.

농촌을 기반으로 하는 야당인 토리당은
상인들의 이익을 위한 전쟁이 마뜩지 않았겠지.

그런데 근간의 정치판은 휘그당과 토리당이 와해되며

보수당과 자유당으로 헤쳐 모여
정계개편이 진행되는 시기인지라,

의원들이 어떻게 표결에 임할지 알 수 없는 바,
의원 개개인에 대한 로비를 진행해야 한다.

그리고 언론 플레이로
여론 뽐뿌질도 좀 해주고.

아이고! 중국놈들이
불쌍한 우리 상인을
강탈하고 쫓아낸답니다!!

CHINA
BAD!

몇 개월에 걸친 로비 공작의
마지막으로 확인해야 할
부분이 있다.

뭐가 또
있남요?

이 나라
억조창생의 주군이신
여왕 폐하의 의향!

QUEEN
VICTORIA

뭐, 시녀들을 전부
휘그당원으로 뽑을 정도로
휘그당 지지자고,

빅토리아 여왕

멜버른 총리와의 개인적인 친밀도도 MAX인지라,
정부의 방침에 이견이 없으리라 예상되지만,

이번에 호주의
깡촌 마을에 총리님
이름을 붙였답니다~.

성은이
망극하옵니다~.

중국
침공이다!!

문제는 파머스턴 자작을
엄청 싫어한다는 것.

아니, 나님 다음달에
결혼식인데 거기 맞춰
전쟁질이라니, 뭐하자는 거?!

아, 그 결혼식과
관련해서
말입니다만~.

결혼 기념품으로 중국에
주문한 도자기 세트들이
광저우 문제로 출하되지
못하고 있답니다.

헐, 빨리
함대를 보내서
내 도자기 세트를
가져와요!!

영국에서 일이 진행되는 동안
홍콩에서는 엘리엇의 긴 기다림.

I will be right here
waiting for you. ~♬

그러다가 1839년 10월,
정부의 파병 결정에 앞서 상인단 보호 명목으로
인도에 있던 군함 두 척이 지원됩니다.

왔구나!!!

HMS Volage
대포 28문

HMS Hyacinth
대포 18문

6급 호위함과 슬루프라니;;
동네 해적 토벌도
간당간당하겠네;;

이 무렵, 영국 상인들 가운데 일부가
임칙서의 각서 요구에 응합니다.

우리 상회는 원래 아편 취급을
안 했으니까!!
망하기 전에 서명하고 얼른
광저우에 들어가야겠어요.

웰컴!!

훩;

1839년 11월 3일,
엘리엇은 지원받은 군함들로
각서를 쓴 영국 상인들의
광저우 입항을 막습니다.

그 꼬라지를 본 임칙서는
수군을 출격시킵니다.

청 수군 제독 관천배.

청 수군 정크선
스물아홉 대가 출격.

248

단 한차례의 포격으로 청 함대의 전위 증발.

청군의 포탄은 영국 함선에 닿지도 못했으니.

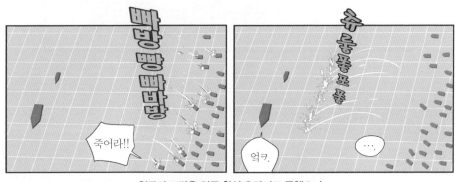

청 수군의 정크선 스물아홉척 가운데 스물여섯 척이 피격침.
영국측 피해는 전무.

1차 천비 해전은 반나절 만에
청나라의 참패로 마무리됩니다.

천비 해전을 지켜본 임칙서는 초경악.

따‥‥.

이건 뭐, 기술력 격차가
환등기와 QLED 차이
레벨이여!!

더구나 저 영국 함선 두 척은
영국 해군의 최말단 찌끄러기
탐사선에 불과한데,

장차 영국 해군 본대가 당도하면
어쩔 것인가?! ㅎㄷㄷㄷ;;;

임칙서는 바로 미국 상인들에게서 무장 상선과
서양 대포 300문을 구입.

Take my Money!!

근데
이거 몰 줄은
아실라나요.

바다에서 광저우에 이르는
주강 하구 뱃길을 따라
요소마다 포대를 설치합니다.

벙커로 도배하면
아무리 영국 함대라도
광저우까지
못 올라오겠지::

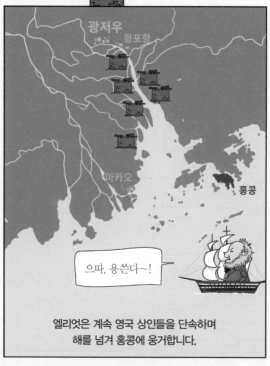

으따, 용쓴다~!

엘리엇은 계속 영국 상인들을 단속하며
해를 넘겨 홍콩에 웅거합니다.

서로 방비하며 대치하는 몇 개월이 더 흐르고,
1840년 4월 9일, 영국 의회에서
중국 원정 예산안에 대한 표결이 이루어집니다.

사실 군은 이미
움직이고 있지만.

제 1 1 장

아편전쟁 2,
바다는 그들의
워프 게이트

1840년 4월, 영국 포츠머스.

중국 원정 예산안 하원 표결 통과가 1면 톱 기사네요.

아슬아슬한 승부였습니다;;

여당 믿지 않고 의원 개별 로비하길 다행이지. 까딱하면 질 뻔했어.

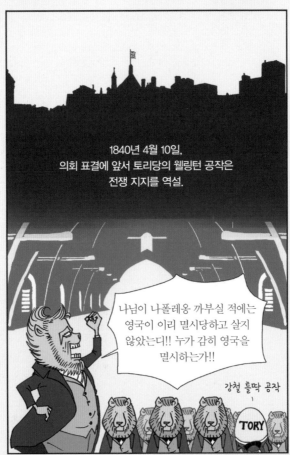

1840년 4월 10일, 의회 표결에 앞서 토리당의 웰링턴 공작은 전쟁 지지를 역설.

나님이 나폴레옹 까부실 적에는 영국이 이리 멸시당하고 살지 않았는디!! 누가 감히 영국을 멸시하는가!!

강철 틀딱 공작

TORY

아서 웰즐리(웰링턴 공작)

HA!

허접 찌끄레기 유사 국가들에게
뒷담화 까이는 게 두려워서
벌벌 떨고들 계신가?!

파머스턴 자작!!

폭정과 폭동의 난세!
19세기 아수라도 속에서!
홀로 빛나는 자유와 문명의 등대
대영제국!!

그 대영제국 정치 이성의 총화!
의원 제군의 결단이!
저 오만한 만주족 폭군의
대나무 우리를 부수고 무지몽매한
중국 대륙을 문명 세계로 끌어낸다!

그 대업패도에 있어서
아편 어쩌고 따위
각론을 놓고 망설임은
무슨 쫄보 인증인가?!

아편은 마약이 아니여!!
차라리 술이 더 해롭지.

지릴씨구?!

너네 손자 돌에
아편 선물세트
사다주면 ㅇㅈ.

토머스 드 퀸시의
책을 읽으면
너님도 아편빠 行.

아편이든 술이든
기분만 좋으면
그만 아닐까요?

느그 집 아파트 이름
'아편한 세상'.

미세먼지 받고
아편 주기냐,
미세먼지 주고
아편 받기냐.

※토머스 드 퀸시:
《어느 영국인
아편 중독자의 고백》
이라는 책을 지었다.

치열한 격론 끝에 결국
271대 262, 아홉 표 차이로
원정 예산안 통과.

262표!
이게 영국 양심의 무게냐?!
신앙심 ㅇㄷ? 문명의 의무 ㅇㄷ?
신사 코스프레 ㅇㄷ?

저놈 입 잘 터네.
우리 편으로 영입,
친추 ㄱㄱ.

꾸둥

꾸두둥

꾸돠돵

꾸궁꾸잉

1840년 5월 말까지,
인도양 각지의 영국 함선들이 싱가포르로 집결.

지나가는 배들도
닥치는 대로 임대하고.

궤에에에에갸아아앂

6월 15일,
영국 원정함대가
광저우 앞바다에 도착.

왓따 씨부레!!

3급 전열함 세 척,
5, 6급 호위함 여덟 척,
슬루프 세 척,
예인용 증기선 네 척,
병력 수송선 다수.
병력은 인도 주둔군 4천.

하지만 작년 11월 이후 일곱 달 동안 임칙서는
광저우에 이르는 주강 하구 통로에 철저한 방비를 갖췄다.

열한 개 포대
서양 대포 300문 병력 1만
+ 무장 지역민 수만.

저게 영국 원정함대 본대구만요;;

쩐다; ㅎㄷㄷㄷ.

지난번에 안 죽은 관천배 제독

그래도 열심히 준비해놨으니 광저우 디펜스 한판 떠보자구.

음? 듣던 것보다 수비가 좀 세 보이는데?

헐; 허밤;
Back! Back! 빼애애액!

올ㅋ?!
싸움이 되는 듯?!

이거 막을 수
있겠는데?!

어으; 이거 중국놈들 수비가 의외로 딴딴하다?;;

제대로 된 대포 갖춘 지상 포대와 전열함 미만 함선이 딜교 하기는 좀 후달리죠.

함선
아머: 나무
위치: 수면

ㄷㄷ

지상 포대
아머: 석재
위치: 고지대

ㄱㄱ

범선인 전열함으로 강을 거슬러 올라가는 것도 곤란하고,

병력을 상륙시켜 포대를 하나씩 점령하면서 가는 게 좋겠습니다.

아니, 열한 개나 되는 포대를 보병이 다 점령하라니, 해군 양심 ㅇㄷ? 뭍에 중국놈들 바글바글하더만;;

작년에 나님이
호위 함선들로
중국 함대를
전멸시켰거든요.

거기에 임칙서가 충격 먹고는
막 포대를 짓고
대포 사들이고 하더라고.

이 ㅅ#%
트롤 새퀴!!

So,
예상외로 뚫기 어려운
광저우에 집착할 게 아니라
보다 근본적인
전략목표를 찌르는 걸로…

그리하여

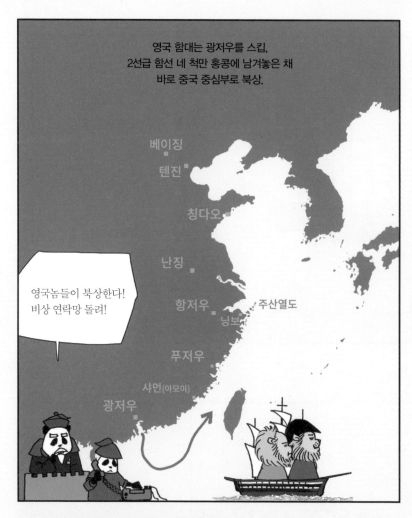

7월 5일, 정해 함락.
요화상 자결.

바위굴은
원래 여름에
개꿀인데;;

여기서 일단
함대를 나눠서
일부는 다시
광저우로.

임칙서가 군자금 챙기고
군수물자 수입하지 못하게
해상 봉쇄하고 마카오도
막아야 함.

ㅇㅋ.

이후 계속 북상한 영국 함대 본대는
8월 9일, 텐진, 다구 앞바다에 도착.

서울의 바다 쪽 대문이
인천인 것처럼
베이징의 바다 쪽 대문이
텐진이란 건 아시죠?

이에 자금성 당혹.

저놈들이 올라오고 있다는 건 광저우 쪽 보고와 중간에 털린 정해 소식으로 알고 있었지만::

영국놈들이 여기까지 왜??!!

영국놈들, 광저우에서 마약 팔아먹겠다고 난리 치던 거 아니었나?

근데 왜 텐진까지 올라온겨?!

아이고, 이게 다 임칙서 때문이죠~!!

만주 권귀

몽골 귀족
기선

276

그리하여 직예총독 기선이 톈진으로 향하고.

근데 뭔 소고기와 양고기를 이리 잔뜩 챙겨 가남요?:

세상사 대부분의 문제는 고기 파티로 거진 해결되게 마련이야.

톈진 앞바다에서 무력 시위를 벌이던 영국 함대와 접촉.

자유무역 보장하라!!

임칙서 OUT!!

양꼬치엔 칭■오!! 한입 나눔합니다!

기선과 엘리엇은 맛있는 음식을 나누며
화기애애하게 회담을 진행.

텐진까지 오셨는데
양꼬치 무한 리필을
이에 쥐 날 때까지
씹어보십시다~!

저희 음식도
드셔보시죠?
^ㅠ^

天津美食會

아, 그리고
다음 식사 자리는 광저우로
내려가서 가져보면 어떨까요?

잉?

거, 광저우 문제를 가지고
텐진까지 올라와서 이런다고 뭐가
해결되겠습니까요.

임칙서는 조정 여론이 자신에게
불리하게 돌아가고 있음을 감지.

광저우 봉쇄로
교역 손실이 눈덩이!
지역 경제 파탄!

임칙서 뭐함?
입으로만 다하는
입칙서인듯.

한족 필망은
과학입니다.

주원장
개객기 해봐.

청 조정
인트라넷
따칭따컴

ㅅ##%$!
영알못 권귀충 섀퀴들이
아주 정치질만 챌린저네요!

버티면 후달려서
물러갈 건 영국놈들인네
왜 겜 던지라고 발광들임?!

느그 딸래미
영드덕?

HIER

아, 저기요,
임 씨~.

제 1 2 장

아편전쟁 3, 주강은 불타고 있는가

1840년 11월, 조지 엘리엇 제독은 건강문제로 귀국한다.
아편전쟁 기간 동안 엘리엇 제독의 후임을 포함한
500명 이상의 영국군이 질병으로 사망했다.

12월, 광저우에서 엘리엇과 기선의 협상이 진행된다.

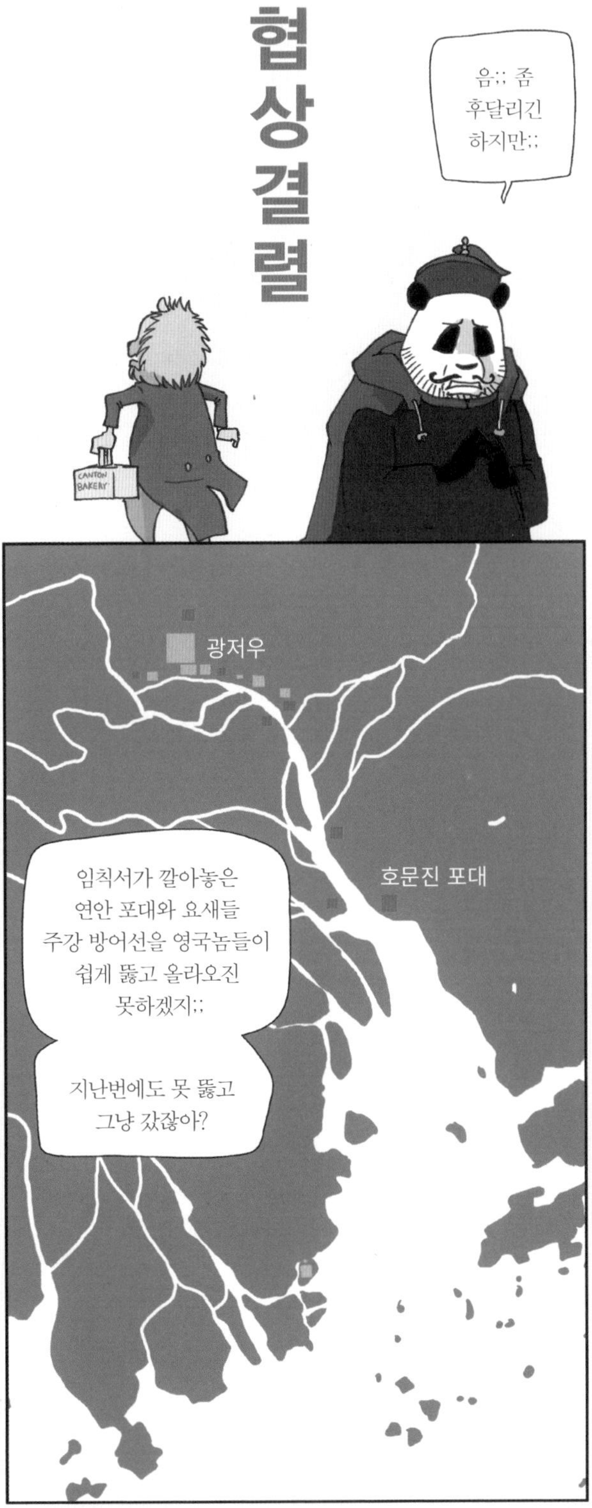

협상결렬

음:: 좀
후달리긴
하지만::

임칙서가 깔아놓은
연안 포대와 요새들
주강 방어선을 영국놈들이
쉽게 뚫고 올라오진
못하겠지::

지난번에도 못 뚫고
그냥 갔잖아?

광저우

호문진 포대

짱깨분께서 주강 방어선 믿고 저리 뻐팅기시는 모양인데,

이번에는 좀 다를 것이야.

'심판의 여신'께서 강림하셨으니까.

딩!

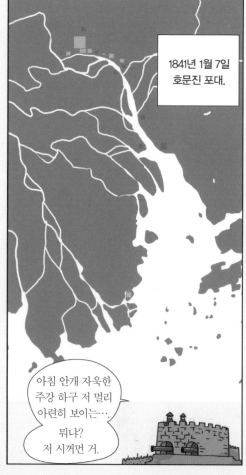

1841년 1월 7일 호문진 포대.

아침 안개 자욱한 주강 하구 저 멀리 아련히 보이는….
뭐냐? 저 시꺼먼 거.

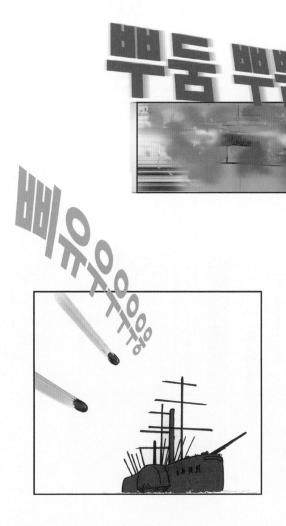

철갑증기선 NEMESIS 네메시스

영국군의 콩그리브 로켓은
인도의 아리 로켓을
개조해 만든 것이고,

최초의 로켓은
우리 중국 송나라 때
만들어졌죠.

끼야아악!!

네메시스가 적 포대를 상대하는 동안
증기선들이 전함을 예인.
강을 거슬러 오르며 진격.

미친 사기템이 있었구먼;;

테크 차이가 너무 크다니까요.

ㄹㄹ

우리 함선들 출격 시켜요!!

뭐 화공선 같은 것들도 잔뜩 준비해놓았다며?!

아니, 지난번에 적 최말단 호위함 두 척에도 개발렸는데;;

철갑선에 전열함들까지 몰려온 본대를 어찌;;

아꼈다가 적 함대가 비좁은 상류로 올라왔을 때 바론 싸움을 가는 편이…

닥치고 DO 다이브!!!

1841년 1월 7일, 2차 천비 해전.
청군 정크선 열다섯 척 가운데 열한 척 완파,
청군 전사 500여 명, 영국군 전사 0명 부상 서른여덟 명,

그리하여 다시 협상이 열리고.

1월 27일, 천비 가조약 합의.

하지만 청 황조는 여기에 동의하지 않았다.

그리하여 기선은 짤리고(체포당하고),

2월 19일, 전투 재개.

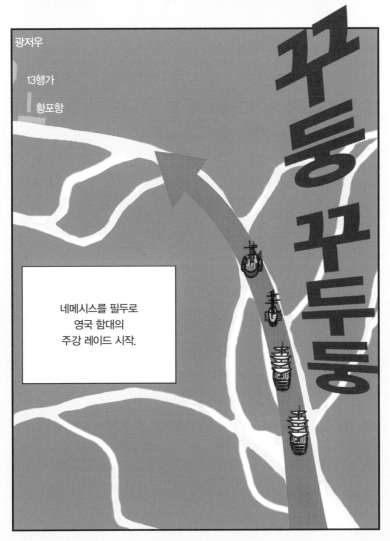

영국 함대와 육전대의
수륙 병진에 청군은 일패도지.

2월 26일, 보그 전투에서
관천배 제독 전사.
임칙서가 사놓은
미국산 무장상선도 침몰.

죽으니까
암이 나았어요.

주강의 요새·포대들이 하나하나 함락되고,

3월 18일, 황포항과 13행가가
영국군에게 점령된다.

광저우

13행가

황포항

4월 14일, 영국군 토벌을 위해
황제의 친척 혁산이 광저우 본성에 도착.

정역장군 혁산   호남제독 양방

※실제 발언입니다.

제12장_ 아편전쟁 3, 주강은 불타고 있는가

광저우 부근에 5만 병력을
결집시키는 데 다시 한 달이 걸리고,

5월 21일, 13행가에 대한 야습으로 총공격 개시.
※친절하게도 공격 며칠 전, 외국 상인들에게 대피 권고.

으따! 결국 이제야
공격해오나!
오래도 걸렸다:

영국군 병력은 약 6천, 청군 병력은 약 5만.
하지만 공격 개시 직전에 반절 넘게 도망갔다고도.

공격!!!
요강 버프 발동!!

수백 척의 화공선을 동원한 덕분에
황포항-13행가가 홀라당 전소.

영국 함선에 구멍을 뚫기 위해
잠수부까지 동원한 성대한 작전이었지만,

이걸로
진짜 뚫림?

황포항의 영국군은 딱히 큰 피해 없이
청군의 공세를 격퇴.

여유!

청군의 공세

광저우

13행가

황포항

고프 소장의 반격

5월 25일에는 고프 소장이 이끌고 온
증원군 2,500명이 측면에서 반격 개시.

전투에서 이기고, 홍콩에
내 이름을 딴 스트리트를
만들겠다!!

청군은 일패도지, 순식간에 와해.
광저우성으로 깨져 나갔습니다.

아오,
요강 빌런 영감,
이 꼴 날 줄 알았다.

대패한 혁산은
어쩔 수 없이
엘리엇과의
협상 테이블로
끌려나오고.

난 이 협상
반댈세!

홍콩과 돈 내놓고
좋게 좋게 마무리하죠?

※영국군 지휘부 배제,
엘리엇 독단으로
협상이 진행됨.

… 그러면
영토 할양이라는 형식 말고
'거류지 제공' 같은 느낌으로….

5월 30일, 광둥 협정 체결.

홍콩 할양!
배상금+알파 지급!
교역 정상화!

영국군
철수!

합의!

이번엔 진짜로
전쟁 끝이겠지요?!

MEANWHILE

엘리엇과 혁산의
협상이 진행 중이던
5월 29일,
광저우 근방
우란강 마을에서,

이에 분노한 주민들이 봉기,
영국군을 공격.

삼원리에서 전투가 벌어져
영국군 네 명 전사, 나머지는 도주.

우란강

삼원리

영국군 요새

광저우

도주한 영국군을 쫓아온 주민들이
영국군 주둔지를 포위.

헐;;

ㄷㄷㄷ

이에 영국측은 청나라 관리들을 압박.

아니, 지금 평화 협상 중인데,
웬 폭도들이 우리 군을 공격하냐?!

협상 엎고 다시 붙어볼까?!

헉;;
쏘리~!

307 제12장_ 아편전쟁 3, 주강은 불타고 있는가

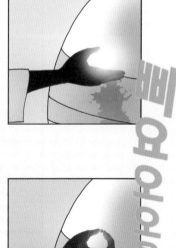

…총탄을 빼냈습니다.

으억?!!

피도 멎었으니,
장으로 잘 싸매주시면
기달 내로 완치되리다.

일생의 은혜를
입었습니다! 대인!

은혜를 갚을 수 있도록
부디 존함이라도!

그저 작은
섬김일 뿐입니다.
상제님께 감사하는 마음을
품고 살아주시는 것만으로
갚음이 있고도 남으리다.

샬롬, 빼갈루야.

310

아편전쟁 4, 천하의 절반을 향해

1841년 5월 31일,
광둥 협정으로 전투 종료.

혁산은 청 황조에 야매 보고서를 올린다.

사소한 충돌이 있었지만(광둥 전역 대패)
약간의 은혜를 베품으로써(600만 은원, 홍콩)
영국인들은 점거지에서 모두 물러갔습니다.

굿잡!
한 건 해결!

영국군은 모두 홍콩으로 철수.

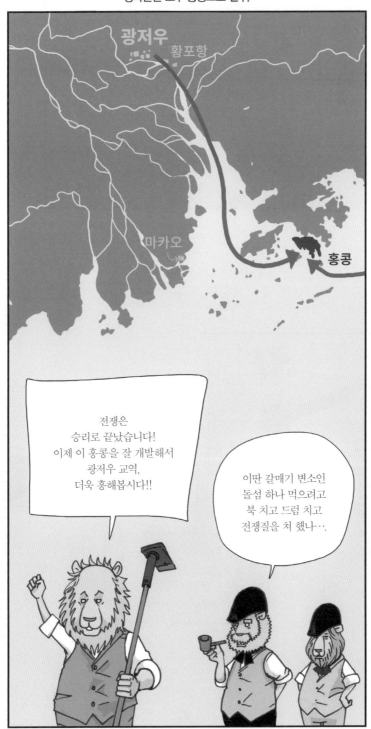

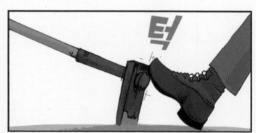

헨리 포팅거

돈 몇 푼에 너님 요로결석만한 돌섬 하나 받자고 2년 동안 돈과 인력을
갈아 처 넣어서 삽질한 거냐?! 고작 광저우 교역이나 계속하자고 전쟁을
벌인 게 아니라고!! 중화 5천년의 곰팡내 쩌는 골방 문짝을 처 뜯어내고!!
저 판다 곰탱이를 먹살 잡고 문명개화의 백주대낮으로 처 끄집어내기!!
19세기 대명천지에 황제를 하늘의 아들로 숭배해?! 2,500년 전 드립을
오늘날까지 천하의 진리라고 물고 빨고 상형문자로 대를 이어 받아쓰며
설정놀음만 쌓아가네! 천안문에 미친 독재자 사진이나 걸어놓는 미개찬란
유사 문명에 서구 문명의 복음을!! 이성과 합리!! 자유주의와 인본주의!!
자유무역으로 번영하는 세계경제! 그 진리를 중국놈들의 골빡에
강제로라도 처 넣기 위해 대영제국은 무력을 아끼지 않을 것이다!!!
이 복음을 중국이 받아낼 구멍을 저 지저분한 해안선 여기저기에
처 뚫어놓으라고!! 광저우뿐 아니라 샤먼! 푸저우! 닝보!! 상하이!!
다 개항시키라고!!! 공항이니 해관이나 개후잠거리 쓸어버리고,
국제무역의 유럽 표준 룰 입식! 영사관 박아넣고 여기저기 어디서든
누구와도 자유롭게 장사하자! 먹고살자!! 규제 철폐!! 적폐 청산!!
무엇보다 저 자폐 쩌는 중화천하관의 이념적 뿌리를 물리적으로
철저히 박멸해 우리네 보편 세계에 중국을 편입시키는 것!!
기독교 문명이 승리한다!! 할렐루야레야레~! God save the Queen!

찰스 엘리엇, 해임.

1841년 8월 10일, 헨리 포팅거, 새 전권대표·감독관으로 부임.

자, 파머스턴 장관님
말씀 잘들 들으셨지요?

This WAR
must go on.

○○.

고프 소장 윌리엄 파커 제독

부임하자마자 광둥 협정 백지화와
새 요구조건들을 광저우의 혁산에게 통보.

항구 네 개 더 개항하시고요,
샤먼과 주산열도도 할양해주시고요,
교역 자유화, 미세먼지 감축,
기타 등등!

느엣??!!?

새 요구조건

답변을 기다리지도 않고
8월 21일, 함대 출격.

묻지도 따지지도 않고
일단 전쟁이다!!

뭐여, 갑자기 미친:
뉘신지요?!

318

8월 25일,
샤먼 도착.

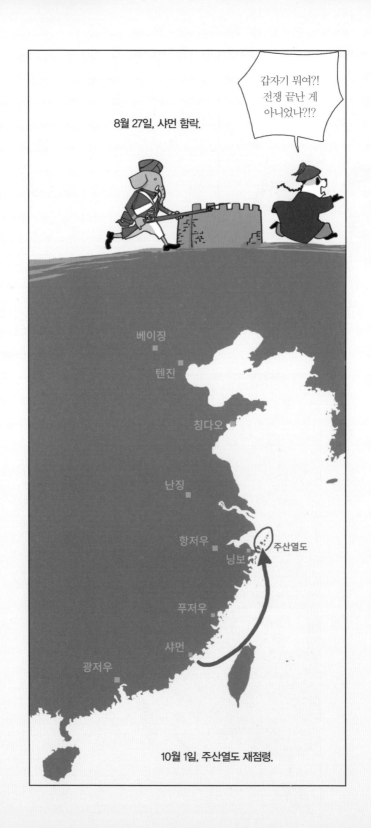

미친놈들이
또 쳐들어왔어!!

주산열도가 황제의 똥줄 발화점!
장강으로 들어가는 중간기지입니다.
지도를 보시면 알 수 있죠.

한자 발음이
엉망진창으로
혼재되어 있는
지도군요.

육상 교통망, 운송량이
하찮기 그지없던 전근대 시기.

사람이
지고 가든,

마차를
끌고 가든,

운송량도 적고,
비용도 많이 들고, 빡세고.

RIVER! 강이 내륙 교통 운송의 최고존엄이었습니다.

으따, 뚜벅러들 욕본다.

서유럽의 상업 발전 요인 가운데 하나도 내륙 수운에 아주 적절하도록 깔려 있던 그들 국가의 하천망이라 할 수 있죠.

유로보트.

스페인의 내수 상업 발전이 뒤쳐진 이유 가운데 하나도 내륙 수운에 적합치 못한 지리적 환경 때문.

우리나라는 아프리카인가::

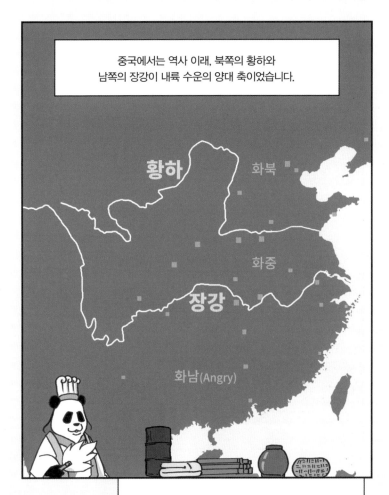

중국에서는 역사 이래, 북쪽의 황하와
남쪽의 장강이 내륙 수운의 양대 축이었습니다.

황하

화북

화중

장강

화남(Angry)

수천 갈래의 지류들을 통해 천하의 모든 물자가
황하와 장강으로 흘러들어
도시로 모여들고 또 지방 각지로 퍼졌습니다.

장강 고속도로 타고 오는
조조군을 톨게이트에서
막은 게 바로 적벽대전이죠.

So! 장강 대운하 분기점을 제압한다면!
이는 중국의 B랄을 움켜쥔 것과 마찬가지!!!

중국의 B랄은 바로 이곳 진강!!

그리고
그 배후에 자리 잡은 장강의 심장!!
중국 제2의 도시 난징!!

주산열도를 전진기지 삼아 장강으로
올라가기 위해 우선 주산열도 맞은편의
닝보를 점령해 근거지 안전을 확보합시다.

닝보의 진해 요새에서 청군 5천 명이
대포 86문을 갖추고 치열하게 저항했지만 함포사격과….

상륙한 영국군
2천 명에 의해 함락.

청군 전멸.
총병 사조은 전사.
유겸 자결.

이제 슬슬 장강으로
올라가볼까?!

아, 저 잠시만요:

본국에서 정권이
바뀌었다는데요.

헠;

1841년 8월 31일,
영국 정권 교체.
보수당 집권. 2차 필 내각.

이제 토리가 아니라
보수당입니다!
ㅂㅅㄷ!

!#@$!

총리
멜버른 → 로버트 필

외무부장관
파머스턴 → 애버딘 백작

새 외무부장관 애버딘 백작은
아편전쟁에도 반대했던 평화주의자.

한편 이 무렵, 청 황조에서는
혁산의 거짓 보고에 대한 진상이 드러난다.

혁산 해임. 재판 회부.

도광제는 당조카 혁경을
영국군 토벌 사령관에 임명.

양위장군 혁경은 그 학식과 인품으로
이름 높은 귀족 선비.

1841년 11월,
팔기군 1만+알파를 포함한 혁경군.

천천히 절강성으로 남하.

항저우　닝보　주산열도

절강성의 녹영(관군) 병력을 집결시키고,
지역 유지들의 향용(민병대) 병력 모집.

지역 어르신들이
힘 좀 써주십쇼!

헤헤, 나중에
한자리. ㄱㅅ~.

332

그러면서 지역 과거시험도 열고,

우리 황제 폐하
'도광제'로 삼행시!!

도: 도시락을 열었다.
광: 광광 울었다.
제: 제육볶음이 없어.

도: 도란검.
광: 광삭.
제: 제드충.

아마도 이김!!
아무튼 이김!!
이기는 걸로!

미리 승전 부대 표창.
포상금 지급.

지역 경제 활성화!

전쟁 특수의
좋은 사례군요!

그렇게 겨울을 보내며
약 7만 명에 달하는 병력을 모은다.

음? 데자뷰인가?

그리고 1842년.
교양 있게 점을 쳐서 길일을 선택.

3월 10일 새벽 2시!

공격 개시!!

대군의 위엄 쩌는 3로 병진!

1만 병력으로
주산에 상륙.

부장 주귀의
1만 5천이 진해로.

총병 단영복이 이끄는
3만 6천의 주력이
닝보로 진격.

영국군 병력
약 1만.

야심 차게 준비한 작전이었지만
비 오는 밤길을 추적추적
느릿느릿 진군해온지라,

새벽녘, 진해와 영보의 성벽 앞에
도달한 병력은 극히 일부뿐.

실제로 전투를 치른 병력은 닝보에 도달한 2,400명,
진해에 도달한 1,900명뿐.
짧은 교전으로 순식간에 분쇄당한다.

뒤쪽의 후발대 지휘관들 중에는
아편에 취해 아침까지 늦잠을
잔 자들도 있었다고.

느으으; 이게
뭔 소리라냐?

나라가 망해가는
소리인가봅니다.

주산열도로 향한 상륙군은 배에 잠깐 올랐다가
배멀미와 사기 저하로 바로 귀환,
단 한 명도 주산열도에 발을 디디지 못한다.

실제로 상륙했으면
학살각인데, 그냥
포기한 게 현명하지;;

야심 차게 준비한 공세는
그리 허무하게 무너졌고.

음, 이 카드가
아니었는가벼;;

5일 후, 3월 15일.
역공으로 전환한 영국군이
청군 거점인 대보산과 츠시를 공격.

중국 왕자를 잡아라!
몸값이 로또다!!

7만 명에 달했던 병력은 먼지처럼 흩어져 와해.

아니, 그냥 흩어졌다가 나중에
집에 잘 돌아갈 건데, 왜 그리
부정적으로 묘사하는 건지?

혁경은 홀로 간신히
도망쳐 나온다.

말 타고
다닐걸!!

이 패전으로 청 황조는 강화 협상 쪽으로 기운다.

전쟁 비용 10분의 1만 써도 영국놈들 조건 다 들어주고도 남겠네요.

아이고, 이거 팔기군인지 발기군인지 무쓸모 쩌네요.

자기가 꽂아 넣은 조카가 저리되니 할 말이 없으신 듯.

그래, 人#B @! ㅈㅈ 치자!

나님 오더가 똥망이라 졌습니다!! 됐냐?!

퍽!

So, 영국놈들과 협상할 협상 대표는 누가 갈 거냐?

샤샤삭

샤샥

이 사태 책임을 맡았던 사람들의 결과가 다 비참하던데 말이죠….

아편전쟁 5,
아편 숙취로
맞이한 새벽

신비로운
중국제 수정구슬이여!

본국 정부의 방침을
비추어다오~!

ㅍ…

…트

…ㅍ…

…팅…

…포…

…팅…

…거…

미스터 포팅거!

아무리 더러운 전쟁이라도
국익을 위해 결실 있게
끝내야 하는 것….

이 전쟁에 관한 전권을
현지에 위임하는 바이니,
알아서 잘 마무리
지어주길 바라오.

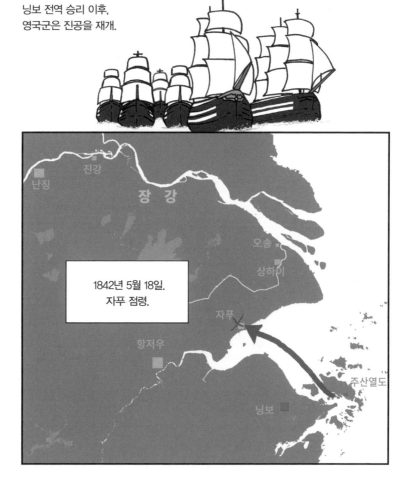

장강 수로 방어를 위해 베이징에서
팔기군 5만 6천 명을 내려보낸다.

하지만 영국 함대가 북상해
텐진 앞바다에 모습을 드러내자,

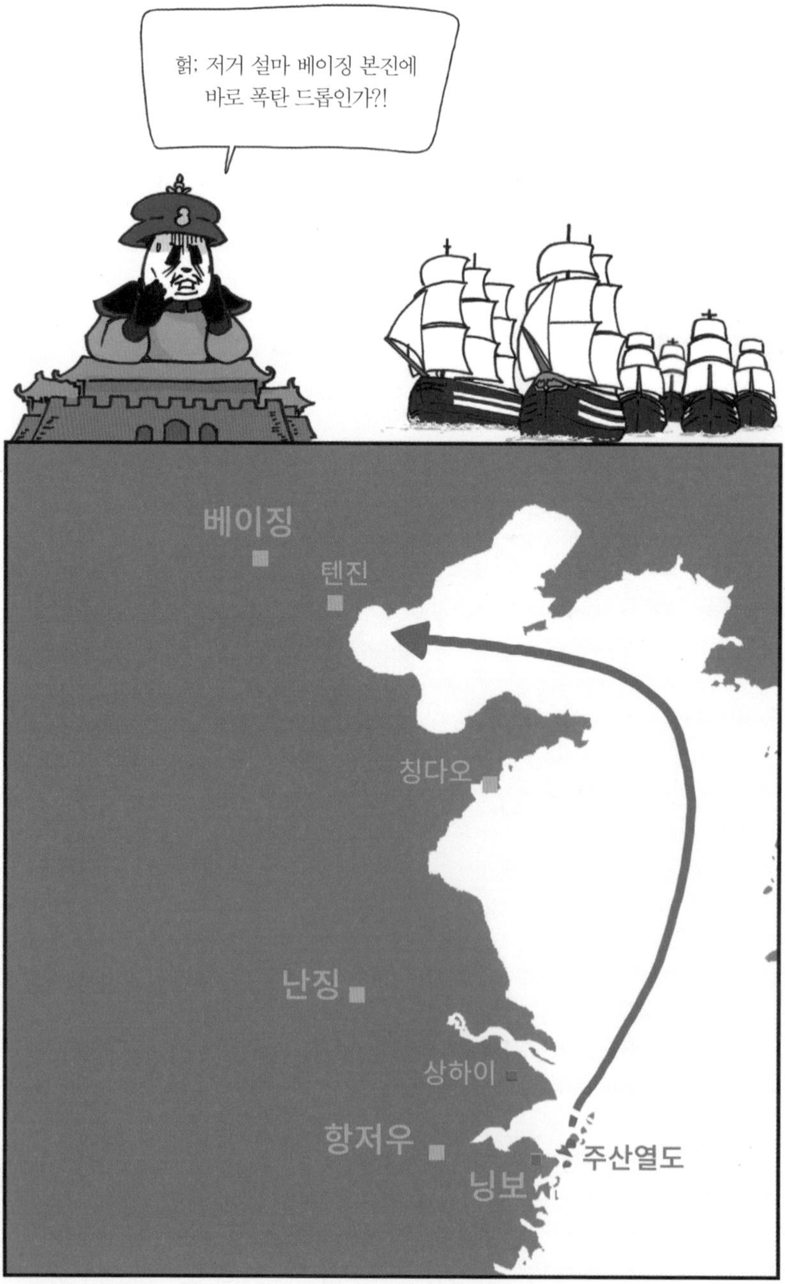

헐; 저거 설마 베이징 본진에
바로 폭탄 드롭인가?!

베이징

텐진

칭다오

난징

상하이

항저우

닝보

주산열도

내려보냈던 병력을 그대로 다시
베이징 방어를 위해 불러들인다.

Back! 빼애액!

우르르르

베이징

텐진

칭다오

난징

상하이

항저우

주산열도

…

잘 낚이네. ㅋㅋ.

베이징에서 내려온 협상 대표 기영이
포팅거에게 회담을 요청했지만,

자, 이제 장강 투어를
시작해볼까요~!

잠깐 STOP!
이야기 좀 합시다!!

협상 전권을 위임받지 못했다는 이유로 거절당한다.

7월 14일, 영국군 1만 2천, 함선 일흔두 척이 장강에 진입.

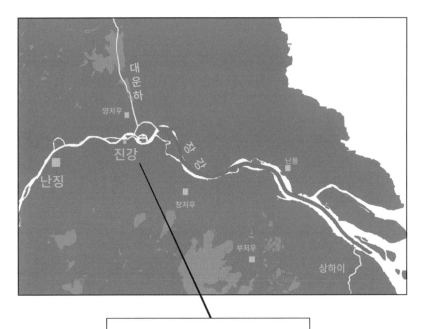

7월 21일,
장강 대운하 합류점을 통제하는 요충지,
진강에 대한 공격이 시작된다.

진강 수비 사령관 해령

이곳은 천하 물류의
심장을 지키는 갈빗대.

물러설 수도 없이
우리는 여기서 다 죽겠구나::

영국군 7천 명의 공격에 대해
청군 수비대 4천 명이 치열하게 저항.

하지만 영국군 공병대가 성문을 폭파시키는 데 성공.

중국사 향후 100년이
이 일전에 달렸다!!

뻐드다
뿌드웅 뿌드

영국군이 성내로
진입해들어오고
치열한 난전 끝에,

100년의 발암사
보기 전에 여기서
걍 죽어라!!

꿰에에에에엙!!

꾸라아아앍!!

까당까당

청군 전멸. 지휘관 해령 자결.
영국군도 이 전쟁에서 가장 큰 피해를 입어
서른여섯 명이 전사한다.

영국군의 진강 점령으로
장강 대운하 합류점 봉쇄!

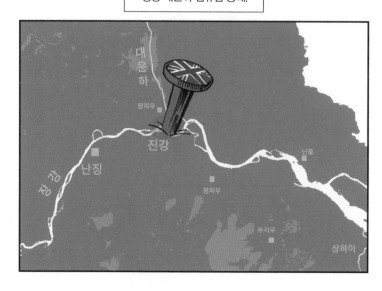

식량, 각종 물자, 인력, 세수 운반,
송금 등 물류 ALL STOP.

그야말로 영국군이
중국의 심장을 움켜쥐고 있는 셈.

결국 도광제는 협상 전권을 기영에게 위임.

1842년 8월 29일, 난징조약 체결.

진짜로
아편전쟁- ㄲ읕!!

헐A~!!

대영제국의 승리!

이 전쟁은 대영제국의 승리로 끝났습니다.
GOD SAVE THE QUEEN!

이겼Tea! 오늘 저녁은 피시&칩스Tea!

지금까지 아편전쟁에 참여해주신 군민 여러분께 감사드립니다.
조만간 시즌2로 찾아뵙겠습니다.

신장 위구르.

전쟁은 끝나고
천하가 평온을 되찾았지만
천조의 위신이 좀 깎였습니다.

5단계쯤
강등

위원

제 이름이 We Won이지만
실제로는 We lost가 된 거죠.

그래도 강화조약의
내용이 그리 가혹한 것이
아니길 다행이네.

임칙서

1. 전후 보상

영국놈들이 뜯어간 것은 코딱지만한 돌섬 하나와

조금만 내놔!
많이는 필요 없고!

淸

전쟁 배상금 2,100만 은원.
※전쟁 배상금+아편 보상금+공행 채무.

당대 표준 은화 단위는
27.21그램짜리 멕시코 달러 은화.
※각국은 이 규격을 표준으로 은화를 찍어냄.
: 1멕시코 달러 은화=1은원=1은엔=1메소=1아데나.

2,100만 은원이면 약 571.41톤의 은으로,
덤프트럭 스물세 대분.

엄청난 금액
같은데요.

19세기 시세로 보면야
국가 예산이 휘청일 액수지만
오늘날 시세로 치면
4,100억 원 정도밖에 안 해.

조심하지 않아서
미친 개한테 물린 치료비
정도로 생각해야지, 뭐.

이제까지는
나라에서 통제하는 공행을 거쳐
무역을 해왔지만,

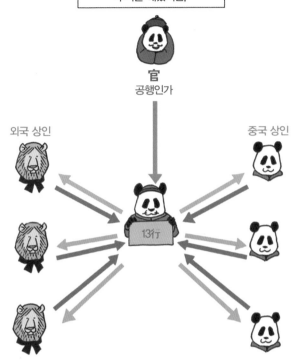

官
공행인가

외국 상인   중국 상인

131庁

앞으로는 모든 상인이
서로서로 자유롭게 비즈니스!

외국 상인   중국 상인

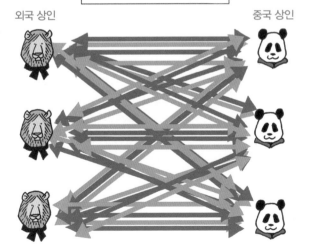

행상들에게는 좀 미안한 일이지만,
이로써 상업이 활성화되고
경제가 더 발전할 수 있겠지.

우리가 외국 자료들도 번역해다주고,
대포도 사다주고, 군함도 사다주고,
전쟁 비용도 대주고, 배상금까지
엄청 부담해줬는데!!

통수는 역시
나랏님 통수가
명품 통수!!

4. 세관, 영사관 설치

아아, 이것은
관세라는 것이다.
무역이 잘될수록
세수도 늘어나지.

물론 네 마음대로
정하지는못하고.

CUSTOMS

좋은
거구먼?

영사관을 설치하면 디너파티에
참석해서 귀한 외국 음식을
무제한 뷔페로 먹을 수 있죠.

좋은
거구먼?

그리고 영사관 동네에는
치외법권인 조계지를
설정해야 하죠.

그래봤자 인류는 이 전쟁을
'아편전쟁'이라는 이름으로
두고두고알파고 기억할 것이다!

영국은 마약 강매하려고
전쟁 일으킨 미친 양아치 왕국으로
역사에 영원히 박제될 것이고!!

사실 사태 초반에는
정말 아편 때문에
전쟁이 일어날 분위기가
아니었지요.

사태 초반인 1839년, 중동에서는 이집트 총독이
오스만 제국에 항거해 시리아를 침공.

프랑스의
뽐뿌질에
힘입어!

#Save_
Syria!!

영국은 중동 위기 진화를 위해 지중해에 함대 주력을 배치.
프랑스와의 갈등도 극에 달했던 바,

진정해 미친놈들아!
오스만 망하면
헬게이트 오픈이여!!

시리아 난민을
너네가 다 받을거냐?!

휴::

중국에서 아편 어쩌고 하는
이야기에 진지하게 국력을
기울일 겨를이 없었음요.

청나라의 경우에는 아편전쟁 초반인 1841년에
티베트-인도 국경에서 시크왕국과 전쟁을 벌이고 있었다는 것.

※ 8년 후, 영국에 의해 시크하게 멸망.

청군 사상자
2만여 명에 비해,

영국군은
전사자 예순아홉에, 부상자 451명.

40:1? 전쟁아!
이게 교환비냐?!

일단 인적 자원에서 너무나 넘사벽인 것이,
영국군 지휘관들은 모두 젊은 시절 나폴레옹 전쟁의
불지옥을 뚫고 렙업해온 참군인들이시고,

영국군과
세포이 병사는
인도에서 무수한
지역 분쟁을 겪으며
실전 경험을 쌓아온
살인기계들이라는 것.

그에 비해 만주 팔기라는 놈들은
세습 은수저 불로소득층이 된 지 200년.

빠친 농민 한 명의
전투력을 1이라 할 때,

팔기군 한 명의
전투력은 0.8이다!!

으얽,
내 손톱!!

지방 관군인 녹영병들은 군피아놈들이
예산을 파먹으려고 명부에만 대충 올릴
용도로 모아놓은 인간와드 잉여인생.

그래도 군복은
입혀줬구먼!

전투력
0.7!!

만주족 팔기군과 장교들,
한족 군민들 사이의 불신도 쩔어!!

쟤들 믿고
목숨 걸 순 없지:::

전원 탈주충만
모인 팀이여!

무기를 볼짝시면… 이건 뭐….
칼·창·활 들고 다니는 애들이 태반이고,

총이라고 들고 다니는 건 뭔, 임진왜란 때
조선에서 주워온 화승총이냐?!

이에 비해 영국군의 총은 플린트락!
화승, 불씨 관리 안 해줘도 되는 감성 설계!

심지어 대포 격발장치도
플린트락이야!

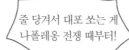

줄 당겨서 대포 쏘는 게
나폴레옹 전쟁 때부터!

화약의
품질 차이도 있거니와,

영국애들은 넘사벽 야금 공학으로
총포들 포강을 옹기장수 똥구멍처럼 매끄럽게 뽑아내죠!

매끈매끈 영국군 총포

화약 폭발 에너지를 온전히 탄이 다 받아 강하고 멀리 날아간다.

울퉁불퉁 청군 총포

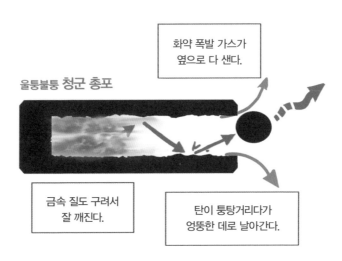

화약 폭발 가스가
옆으로 다 샌다.

금속 질도 구려서
잘 깨진다.

탄이 퉁탕거리다가
엉뚱한 데로 날아간다.

다음 침공 때 영국군은 퍼커션캡·라이플·유산탄 등등
더 진일보한 첨단 무기들을 들고 오겠죠.

해군의 차이는… 도저히 민망해서
언급 자체를 못 하겠네요.

이처럼 외계인 강습 레벨인 영국의 침공이었지만,

저 외계인들은 자금성에 들어와 정복왕조를 연다든가,
조공을 요구한다든가, 장강 이남 전체를 요구한다든가
하는 익숙한 이민족thing을 하지 않는다.

영국보다 저리 길게 국경을 맞댄
러시아놈들이 더 위험하다는 내용을
그 책에도 추가하도록 하게!

음, 다음 개정판을
언제 찍을 지 모르겠습니다;

그리고 이번 전쟁을 보면
바다쪽 침공이 더
위협적인 것 같은데요.;;

아니,
이 책은!!

서양 각국의 역사와 문화,
대강의 사정을 소략하고,
그 군국과 기물의 이모저모,
대표적인 맛집 리스트 등을
알기 쉽게 정리해 동양 천하의
식자들에게 극찬을 받은 베스트셀러!

海國圖志

《뭔나라 이웃나라》!

《해국도지》다!

하지만 아편전쟁 경험에
너무 쫄아서 바다 쪽 위협을
과대평가한 점이
흠이라 할 수 있죠.

쟤는 뭡니까?

좌종당

위구르인들이
돼지고기를
안 먹으니까.

웬 백수가 치킨을 잘 튀기길래
위구르에 데려왔지.

호남성 사람인 좌종당이라네.
발음에 유의하도록.

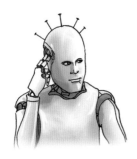

PS. 굽씨의 오만잡상...

포팅거는 초대 홍콩 총독이 되고 (상인들과의 불화로 곧 사임 하지만...)
그 이름은 홍콩최초의 포장도로인 포팅거 스트리트로 남게 됩니다.
고트 장군의 이름도 고프 스트리트로 이어져 내려오고 있지요.

아편 전쟁 발발 전에 임칙서가 빅토리아 여왕에게 항의 편지를 보낸 건 유명한 이야기죠.
영국 정부가 공식 외교문서가 아니라고 중간에 막아서 여왕에게 전달되지는 못 했지만..
그런데 사실 영국에서는 아편이 합법이었던지라, 아편이 해로운 마약이라는 주장이
빅토리아 여왕이 딱히 양심의 가책을 크게 느끼지는 않았을것 같기도 합니다.
영국에서는 1868년이 되어서야 영국 본토 아편 거래를 금지했고,
아편자체를 마약으로 지정한 건 1914년이지만, 1920년대까지도 약국에서는
아동용 아편 사탕이 팔리고 있었다고 합니다.

아편전쟁대의 영국군이 청군보다 기술적으로 앞선 부분도 컸지만,
보다 중요한 것은 병법과 조직력이라는 소프트 파워에서 월등하게 앞서있었다는 점입니다.
장교-부사관-병사로 어뤄진 조직의 효율성, 그 개개인이 전장환경에서 맡은 바 임무를
제대로 이해하고 이를 수행해내기 위해 갖는 의지력, 공격과 방어에 있어서의
진형 구축 등등, 오랜기간 유럽에서의 전쟁을 통해 다져온 노하우들이 있었던 겁니다.
이 근대 유럽 보병의 조직력에대해 나폴레옹이 남긴 유명한 멘트가 있지요,

"프랑스 보병 3명와 맘루크기병 1명이 싸우면 프랑스 보병이 진다.
하지만 프랑스 보병 100명와 맘루크 기병 300명이 싸우면 프랑스 보병이 이긴다."

아편전쟁대, 청군은 '등패병'이라는 특수부대를 투입합니다. 호랑이 코스프레를 하고
등나와 방패를 든 병사지요, 기병의 말을 놀래키기위해 호랑이 분장을 했다고 합니다.
영국군이 이에 놀라 도망가지는 않았지만, 그 이미지에 깊은 인상을 받아
영국의 아편전쟁 기록화에 등패병의 모습이 그려져 역사에 남게 되었답니다.

주요 사건 및 인물

주요 사건

난징조약

1842년에, 아편전쟁을 종결하기 위해 난징에서 영국과 청나라가 맺은 조약이다. 청나라가 영국에게 홍콩을 할양하고, 광저우와 상하이 등 다섯 항구를 개항하며, 배상금 2,100만 은을 지급하는 것을 수락한다는 내용의 불평등 조약으로, 중국 반식민지화의 발단이 되었다.

동인도 회사의 동양 교역 독점권 폐지

1600년에 설립된 영국 동인도 회사는 1604년에 설립된 프랑스 동인도 회사와 인도 무역의 주도권을 놓고 1세기 이상 경쟁했다. 1757년 플라시 전투 때 영국이 프랑스에 승리하면서 영국 동인도 회사는 인도 무역을 거의 독점했다. 그러나 1833년 영국 동인도 회사의 동양 교역 독점권(무역독점권)이 폐지되면서 회사의 역할은 끝났다.

매카트니 사절단 청 방문

1792년 영국은 청나라 건륭제의 생일을 축하한다는 명분으로 조지 매카트니 백작을 특사로 하여 사절단을 파견했다(사절단은 1793년 톈진 도착). 베이징에 도착한 조지 매카트니는 무역과 외교 등과 관련한 협상을 진행했으나 목적을 이루지 못하고 1794년 영국으로 귀환했다.

모리슨 호 사건

1837년, 일본인 표류민 일곱 명을 송환시키고, 더불어 통상과 포교를 요청하기 위해 접근한 미국 상선 모리슨 호에 일본 측 포대가 포격한 사건이다. 당시 모리슨 호는 비무장이었으나 일본은 자국의 '이국선 타격령'에 따라 포격을 감행했다.

백련교도의 난

청나라 가경제 시대에 일어난 백련교도의 무장반란이다. 백련교는 불교에서 기원된 한 민간 종교로, 홍건적의 난의 사상적 기원이 되었다. 백련교도가 주도한 이 난은 이민족인 만주족의 지배에 대항해 한족을 중심으로 저항한 사건으로, 청나라 쇠퇴에 큰 영향을 미쳤다.

산업혁명

18세기 후반부터 약 100년 동안 유럽에서 일어난 생산기술과 그에 따른 사회 조직의 큰 변화를 일컫는다. 영국에서 일어난 방적 기계의 개량이 발단이 되어 1760~1840년에 유럽 여러 나라의 수공업 작업장이 기계 설비에 의한 큰 공장으로 전환되었는데, 이로 인해 자본주의 경제가 확립되었다.

삼원리 사건

1841년 5월 29일, 영국과 중국이 협상 중이던 때 광저우 근방에서 영국 병사들이 마을을 약탈하고 마을주민을 겁탈한 사건을 계기로 영국 육군 정규군과 지방민 사이에 벌어진 무력 충돌을 일컫는다. 외세의 침략에 대한 반응으로 중국 사람들에 의해 일어난 자발적 봉기의 첫 번째 예로 간주된다.

시마바라의 난

1637년 12월부터 1638년 4월까지 일본 규슈 북부의 시마바라에 사는 주민들이 일으킨 반란이다. 각종 혹사와 과중한 공납, 가톨릭 신도의 박해와 기근이 겹치면서 반란이 일어났다. 가톨릭을 믿는 기리시탄 주민 4만 명이 주도했으며, 12만 명의 진압군에 의해 넉 달만에 진압되었다. 이후 가톨릭에 대한 국가의 탄압은 더욱 거세졌다.

아편전쟁

청나라가 벌인 아편 단속을 빌미로 영국이 벌인 침략 전쟁이다. 이 문제를 둘러싸고 청나라와 영국이 1840년과 1856년 두 차례에 걸쳐 전쟁을 했다. 청나라가 패하고 난징조약이라는 불평등 조약을 맺음으로써 끝이 났다. 이 전쟁을 계기로 본격적으로 서세동점의 시대가 열린다.

플라시 전투

1757년 6월 23일, 영국 동인도 회사가 벵골 토호국과 프랑스 동인도 회사를 상대로 벌인 전투로, 영국의 승리로 끝났다. 영국은 7년 전쟁의 일환이었던 이 전투에서 승리함으로써 벵골 내에 교두보를 마련한다. 이후 영국은 60년에 걸쳐 인도 토후국을 상태로 정복전쟁을 벌여, 결국 인도 전체를 석권했다.

주요 인물

강희제康熙帝

중국 청나라의 제4대 황제다. 문무를 장려했으며, 운하를 정비하고 조세를 감면해 제국의 기초를 확립했다. 1685년 남쪽 지역경제를 활성화시키기 위해 광저우를 비롯해 네 개의 항구를 무역항으로 열었다.

광저우 13행

아편전쟁 이전까지 청나라는 쇄국정책을 시행하고, 특별히 광저우 항구만 문을 열어놓았다. 이마저도 조정의 인가를 받은 행상을 통해서만 서양과 무역을 했다. 이때 정부로부터 어렵게 공행을 얻어 서양과의 교역을 이룬 몇몇 상인은 막대한 부를 쌓았다. 당시 독점적 권한으로 거부가 된 열세 개 광저우 행상들 '광저우 13행'이라 일컫는다.

도광제道光帝

중국 청나라의 제8대 황제로, 집권 당시 아편의 폐악을 절감하고 임칙서에게 아편을 엄금하라는 특명을 내린다. 긴축정책을 시행하고 적극적으로 국부國富를 꾀했으나, 아편전쟁에 패한 탓에 서양 여러 나라에 개국開國을 했다.

도요토미 히데요시豊臣秀吉

전국 시대에 활약했던 무장, 정치가이며 다이묘다. 오다 노부나가·도쿠가와 이에야스와 함께 전국 삼영걸三英傑로 불린다. 서양 문물에 부정적이었으며, 일본을 통일하고 중국을 침략하기 위해 임진왜란을 일으킨 장본인이기도 하다.

도쿠가와 이에미쓰德川家光

일본 에도 막부의 제3대 쇼군이다. 쇼군을 정점으로 하는 안정적인 사회체제를 만들기 위해 지방세력을 약화시키는 정책을 주로 펼쳤다. 또한 1637년부터 1638년까지 기독교를 믿는 농민들이 일으킨 반란인 시마바라의 난을 계기로 기독교 단속과 쇄국 체제를 더욱 강화해 나라의 안정을 꾀했다.

도쿠가와 이에야스德川家康

혼란한 전국 시대를 평정하고 에도 막부 시대를 연 무장이자 다이묘다. 오다 노부나가·도요토미 히데요시와 함께 전국 삼영걸로 불린다. 도요토미 히데요시의 뒤를 이은 그는 유럽과의 공식 외교교섭을 추진한다.

바바 사주로馬場佐十郎

난학을 대표하는 천재 언어학자. 나가사키의 네덜란드어 통역관 집안에서 태어난 그는 네덜란드어·프랑스어·영어를 독파하고, 막부의 전폭적인 지원하에 프랑스어 백과사전을 《후생신편厚生新編》이라는 이름으로 번역했다.

빅토리아 여왕Victoria

19세기 대영제국 시대에 영국을 이끌어 자국의 최전성기를 이루었다. 하노버 왕조의 마지막 군주로, 군림하되 통치하지 않는다는 전통을 확립했다. 아편전쟁 당시 정부 여당이던 휘그당의 지지자였으며, 멜버른 총리를 신임해 중국에 지원부대를 파병하는 데 이견을 내지 않았다.

오다 노부나가織田信長

무로마치 막부를 멸망시키면서 혼란기이던 일본의 전국 시대를 평정한 인물로, 도요토미 히데요시·도쿠가와 이에야스와 더불어 중세 일본의 삼영걸로 불린다. 서양 문물에 우호적이었다고 한다.

오병감伍秉鑑

광저우 13행의 중요한 상인이자, 이화행怡和行의 창설자이며 광둥 공행公行의 리더 가운데 한 명이다. 아편전쟁 이전까지 대영제국과의 무역에서 벌어들인 엄청난 돈으로 인해 당시 세계에서 가장 부유했다고 한다.

윌리엄 애덤스William Adams

도쿠가와 막부의 초대 쇼군인 도쿠가와 이에야스의 외교고문을 지냈던 영국 출신의 항해사이자 항구도선사, 무역인이다. 훗날 사무라이 신분과 영지까지 받는다.

윌리엄 이워트 글래드스턴William Ewart Gladstone

1840년에 토리당의 웰링턴 공작이 전쟁 지지를 역설했을 때, 같은 당이던 글래드스턴은 의회 연설을 통해 이 결정을 강력하게 비판한다. 그의 비판에도 불구하고 의회는 결국 271대 262표, 아홉 표 차이로 원정 예산안을 통과시킨다.

임칙서 林則徐

중국 청나라 말기의 정치가로, 도광제의 명에 따라 흠차대신으로서 아편 밀수를 막기 위해 노력했다. 아편 밀수부터 판매자, 제조자까지 처벌하는 강력한 정책을 실시했으나, 이로 인해 유발된 아편전쟁에서 크게 패해 그 책임으로 실각당한다.

존 머레이 포브스 John Murray Forbes

미국인으로 젊은 시절 당시 청나라와 서양 간의 무역을 독점하던 광저우 13행 가운데 한 명이던 오병감의 신임을 얻어 그의 양자가 되었다. 8년 동안 그의 일을 도와 얻은 사업 밑천으로 미국으로 건너가 철도사업 등에 투자해 사업가로 대성했다. 훗날 링컨의 후원자로 노예 해방 운동 등을 지원했다.

찰스 엘리엇 Charles William Eliot

영국의 무역감독관. 영국의 아편 엄금에 크게 반발해 영국의 모든 상인에게 중국과의 무역을 금지시키고 포르투갈령이던 마카오로 철수시킨다. 또한 영국 정부에 군대를 파견해줄 것을 요청한다. 그러다가 중국인 살해사건이 일어나고, 청나라에 범죄인을 인도하지 않겠다고 버티다가 마카오에서도 쫓겨나 결국 홍콩 섬으로 옮겨 농성을 이어간다.

헨리 존 템플 Henry John Temple

제3대 파머스턴 자작. 세 차례에 걸쳐 영국 외무부장관을 역임했고, 두 차례에 걸쳐 영국 수상에 올랐다. 자국의 이익을 지키고 영국 세력을 확장시키기 위해 온 힘을 기울였다. 영국의 군함 외교를 정당화시키기 위해 문명보호론을 주장하고, 중국을 침략하기 위해 지원부대를 파병하는 데 찬성했다. 이에 영국은 중국에 전함 마흔여덟 척과 대포 540문, 4천 명의 사병으로 구성된 원정군을 파병한다.

헨리 포팅거 Henry Pottinger

1841년 8월 10일, 해임된 찰스 엘리엇을 이어 새 전권대표 및 감독관으로 광저우에 부임한다. 부임하자마자 광동 협정을 백지화시키고 광저우에 새 요구조건들을 통보하며 전쟁을 일으킨다.